LE CENTRE

Des paysages variés composent le centre de la république, surmontés de montagnes fracturées qui dépassent les 3 000 mètres d'altitude mais dont les flancs sont adoucis par d'épaisses forêts de conifères. Cette région, où bouillonne Mexico, abrite de séduisantes villes coloniales aux accents baroques et la plus grande cité précolombienne jamais découverte.

MEXICO

Le jour se lève sur le centre historique classé au patrimoine mondial. Le gigantesque drapeau de la République se lève sur le magnifique Zócalo. Mexico se réveille. Tout à la fois fascinante et terrifiante, elle donne le vertige. Une mégapole qui ne craint pas les superlatifs, même les plus sombres : une des villes les plus peuplées du monde avec près de 20 millions d'habitants ; une des capitales les plus hautes, 2 240 mètres d'altitude ; une des villes les plus polluées de la planète, constamment enveloppée dans le smog ; une des villes parmi les plus dangereuses du monde... Mais Mexico, ce sont aussi d'incomparables richesses culturelles, artistiques et historiques. Celles-là même qui justifient que l'on s'y arrête quelques jours. Ne serait-ce que pour y visiter l'extraordinaire musée national d'Anthropologie, considéré comme le plus riche au monde. Il est vaste et étourdissant, bref passionnant ! Parfait prologue ou épilogue à tout voyage au Mexique. Mexico la précolombienne et coloniale concentre ses quelque 1 500 monuments historiques autour du Zócalo, une des plus grandes places du monde. Du temps des Aztèques, quand la capitale s'appelait Tenochtitlán, leur centre cérémoniel se situait juste au nord de la place qui sera plus tard pavée par les Espagnols de pierres arrachées aux temples aztèques. Bâti en lieu et place de l'ancien palais de Moctezuma II, le Palais national, tout en pierre volcanique de couleur cramoisie (*tezontle*), abrite 450 mètres carrés de magnifiques mais dramatiques muraux de Diego Rivera. Juste à côté se dressent la cathédrale, une des plus vastes des Amériques, construite entre 1573 et 1813 et adossé à celle-ci, le Sagrario Metropolitano (1768), une chapelle de style churrigueresque. Derrière, le visiteur découvrira les ruines du Templo Mayor, ultime témoin de l'ancienne cité aztèque. S'y déroulent chaque jour des cérémonies et danses aztèques. En poursuivant la balade autour du Zócalo, se découvrent de pittoresques galeries marchandes comme les Portales de los Mercadores dont l'activité remonte à l'époque de Cortés ; puis on s'engouffre Calle Moneda avec ses musées et la toute première imprimerie de Nouvelle-Espagne. Au-delà du Zócalo se dévoile la superbe Casa de Azulejos, la « maison des faïences » de style hispano-mauresque, devenue un sélect café-restaurant. Près du parc Alameda, une des nombreuses oasis de verdure de la capitale, le Palacio de Bellas

Double page précédente :
Le campus de l'université de Mexico (UNAM) ressemble à un petit musée en plein air. Depuis l'entrée du stade olympique, surmontée d'une œuvre de Diego Rivera, jusqu'aux facultés d Médecine, de Sciences et à la biblioth (que l'on aperçoit au second plan), les peintures murales multicolores s'affichent. Ici, la mosaïque de David Siqueiros aux motifs précolombiens embellit le rectorat.

Page de droite :
Chaque après-midi, le Zócalo résonne des percussions de tambours. Se dérou face au Templo Mayor, des danses indiennes endiablées. Des manifestatio folkloriques qui ont également une port plus politique. Les minorités ne veulent se faire oublier et rappellent qu'autrefo cette place était un haut lieu de culte p leurs ancêtres aztèques. Lors de certair meetings revendicatifs, toujours organis sur le Zócalo, les Indiens s'expriment au en tapissant les pavés de fresques allégoriques en sciure de bois teintée.

PLA
TEMPLO

Ci-dessus :

Le Paseo de la Reforma révèle le Mexico contemporain. Une belle balade pour qui remonte ce boulevard de 15 kilomètres.

Ci-contre :

Le drapeau du Mexique s'inspire du drapeau français : le vert symbolise l'indépendance, le blanc la pureté et le rouge l'unité nationale. Son blason évoque la genèse de la capitale : les Aztèques auraient fondé Tenochtitlán là où ils auraient vu un aigle perché sur un cactus dévorant un serpent.

'essus :
d'aigle sur le Palacio de Bellas Artes,
éra de Mexico, depuis le bar
oramique de la tour Latinoamericana
mesure 177 mètres de haut. Ce palais
Beaux-Arts abrite des fresques peintes
les plus grands muralistes du Mexique,
is également une immense mosaïque
nstituée d'un million de carreaux de
re teinté. Une œuvre dessinée par
rillo et créée par Tiffany de New York.
uble page suivante :
ffaissement du sol met en péril
cathédrale de Mexico.

Artes retient l'attention. L'opéra de Mexico, tout en marbre blanc de Carrare et aux styles Art nouveau et Art déco, est orné de merveilleuses fresques de Rivera, Tamayo, Orozco et Siqueiros. Enfin, pour son ambiance effervescente, il faut se rendre Plaza Santo Domingo. Sous ses arcades, Portal de Evangelistas, s'est installée une véritable armada d'écrivains publics et d'imprimeurs ambulants.

Mexico la contemporaine s'étire le long du Paseo de la Reforma frangé de majestueux jacarandas. Il permet d'atteindre la Zona Rosa, un des quartiers les plus en vogue avec ses petits cafés et restaurants branchés. La cité universitaire est une des célébrités de Mexico. C'est la plus grande d'Amérique latine mais c'est surtout pour la gigantesque fresque de sa bibliothèque que l'on s'aventure sur son campus. Il s'agit tout simplement de la plus grande mosaïque du monde en pierres naturelles, œuvre de Juan O'Gorman. Autres quartiers plein de charme : Xochimilco et ses jardins immergés, San Angel pour son bazar et ses petits cafés et enfin Coyoacán où l'on peut visiter la maison de Frida Kahlo, peintre géniale, épouse de Diego Rivera.

EL OSO
OSO
U EMPLEO, CONSUME
EXICANOS DE CALIDAD!

EL OSO

LE MURALISME

C'est en pleine révolution, entre 1910 et 1920, que surgit ce nouveau courant de la peinture mexicaine, sous l'impulsion d'artistes comme José Clemente Orozco, Diego Rivera et David Alfaro Siqueiros. Le muralisme s'inspire largement de l'art précolombien, comme en témoigne l'usage de palettes vives, et il s'appuie essentiellement sur des thèmes sociopolitiques adressés aux masses analphabètes. Les peintures murales qui foisonnent au Mexique, glorifient la grandeur et les exploits des civilisations préhispaniques. Elles dépeignent également les grands hommes de la révolution mexicaine et sont en général très manichéennes : les paysans, les Indiens et les ouvriers représentant les « gentils » et les « purs » face aux « méchants » qui englobent les militaires, le clergé et les Espagnols colonisateurs. Les fresques les plus célèbres sont celles de Rivera, qui illustrent la vie quotidienne du peuple, et celles de Siqueiros, notamment la gigantesque façade de l'université de Mexico.

PUEBLA

Catholique, créole et plutôt conservatrice, Puebla vécut les grands soubresauts de l'histoire mexicaine. Champ de batailles de la guerre de 1846 contre les États-Unis, elle connut l'invasion des troupes françaises qu'elle repoussa bravement un certain 5 mai 1862. Une victoire si symbolique que le Cinco de Mayo est aujourd'hui une grande fête nationale.

À moins de 2 heures de route de Mexico, Puebla l'ultrabaroque constitue vraiment une destination idéale pour les amoureux d'architecture et d'histoire coloniales. Elle compte pas moins de 70 églises et près d'un millier d'édifices coloniaux parmi les plus somptueux du Mexique : tous sont revêtus de carreaux de faïence multicolores qui adoucissent les formes massives du baroque par cette touche gracile. Puebla s'est ainsi taillée une réputation mondiale pour ses céramiques inspirées des azulejos espagnols de Talavera mais adaptées au modèle local *poblano*. Un des exemples les plus remarquables de ce style architectural, baptisé « confiseur », est offert à la Casa del Alfeñique ou Maison du Sucre d'orge du XVIIIe siècle. La façade de ce Musée régional est complètement incrustée de briques rouges, d'ornements en stuc blanc et de carreaux de faïence bleus et jaunes. La chapelle du rosaire de l'église Santo Domingo du début du XVIIe siècle est également une pure merveille du baroque mexicain : les murs, les colonnes, le portail et le plafond croulent sous des mosaïques de faïence vivement colorées, des feuilles d'or et des sculptures. Si ces lieux restent incontournables à Puebla, déambuler le long de ses avenues aérées permet de se faire une idée plus précise de son opulence. Pour se reposer les yeux, rien ne vaut une halte Plaza de la Constitución. Ce *zócalo* arboré et très fleuri où se produisent clowns et musiciens est le lieu de rendez-vous favori des jeunes à l'heure de l'apéritif servi sous les arcades. Une petite pause bienvenue avant d'aller explorer la rivale historique de Puebla la coloniale : Cholula l'indienne.

Moins raffinée que sa voisine, Cholula peut néanmoins se targuer d'abriter la plus grande pyramide du monde (en surface), dédiée au dieu du vent, de l'étoile du soir et du matin. La réalité est plus décevante puisque l'édifice est presque complètement enseveli sous la terre et la végétation. Mais les chiffres sont là :

Dans les environs de Puebla, l'église d Huejotzingo du XVIe siècle arbore fièrem son opulente façade de style poblano *en briques cramoisies émaillées de faïe teintées. Un exemple remarquable du baroque local dont on peut découvr quelques gemmes dans toute la ville coloniale. On peut aussi visiter à Puebl l'atelier de céramique Uriarte qui a pig sur rue depuis plus de 200 ans. Outre l'exposition de superbes pièces en azulejos, on y apprend quelques sec sur la fabrication artisanale des* talaver *de Puebla. Les passionnés d'histoire précolombienne apprécieront sans dou le musée Amparo, sis dans un bel édific colonial et riche en objets remontés de diverses fouilles. Et puis, il y a la bibliothèque Palafoxiana, une des plu prestigieuses d'Amérique du Sud. Dotée de plus de 40 000 ouvrages, elle conse surtout quelques exemplaires d'incunab dont une* Chronique de Nuremberg *de 14*

425 mètres de côté, 60 mètres de haut et une superficie de 17 hectares ! À son sommet se tient une église bâtie au XVIe siècle par les Espagnols mais maintes fois reconstruite après les séismes. Nuestra Señora de los Remedios trône solitaire sur un monde perdu, gommé par les conquérants soucieux d'éradiquer toute trace indigène et de détourner les Amérindiens de leur panthéon païen.
Les Indiens que l'on croise aux environs de Cholula sont des Nahuas, repérables à leurs costumes blancs parfois ornés de ceintures brodées. Tous les dimanches, cette communauté pourtant dispersée se rend dans les montagnes qui entourent la région de Puebla, dans le pittoresque hameau de Cuetzalán. S'y tient un fantastique marché indien réputé pour les sandales en cuir et les *quechquémitls*, les petits ponchos colorés. Les adeptes de trekking s'adonneront à leur passion au sein du parc national d'Iztaccíhuatl-Popocatépetl où se dressent, imposants, les deux plus célèbres volcans du Mexique, qui dardent leurs cônes fumants à plus de 5 000 mètres d'altitude.

Cholula est une ville estudiantine bien agréable. Une belle indienne qui devien des plus cosmopolites avec la nouvelle affluence d'étudiants du monde entier. Sur son zócalo bordé d'arcades investie par des cafés animés, se dresse un couvent franciscain du XVIe siècle. Une des icônes de la ville est la Chapell royale (Capilla real) de 1540, bizarreme coiffée de 49 coupoles. Une œuvre insp de la grande mosquée de Cordoue en Andalousie.

Peuplé d'Indiens Nahuas toujours vêtus de blanc, Cuetzalán est blotti au milieu des caféiers. Chaque automne, ses venelles s'égayent avec la Feria du Café et du huipil *(tunique sans manche). Même les tout-petits sont de la fête. Avec 1,8 million d'âmes, les Nahuas forment la plus importante communauté indigène du Mexique. Chrétiens, ils croient aussi en des êtres supranaturels, à l'instar des* tonos, *des animaux censés représenter leur double.*

Les talaveras poblanas, ou céramiques de Puebla, jaillissent de toute part. Maisons, fontaines, églises en sont incrustées pour le plus grand bonheur des yeux. Bien avant la conquête espagnole, les potiers de Puebla fabriquaient déjà de belles céramiques colorées, les préférées dit-on de l'empereur aztèque Moctezuma. Après l'invasion, leur art s'est enrichi d'influences asiatique, arabo-mauresque et indienne mexicaine. D'où la profusion de motifs, d'arabesques et de nuances dans les teintes.

Scènes de vie typiques : les marchés qui parfois s'improvisent au détour d'une ruelle. Même dans les plus petits pueblos, *les produits abondent avec des incontournables comme les citrons verts, les piments, les mangues, les papayes et ananas. Les échoppes artisanales exhibent leurs articles* hechos a mano *(faits main) dans un joyeux pêle-mêle coloré.*

Ci-dessus :
Rien de tel qu'un voyage dans les autobus locaux pour se frotter à la vie mexicaine. La plupart sont tellement vieux et poussifs que même leurs peintures chatoyantes ne parviennent pas à masquer leur délabrement. À bord, on n'hésite pas à monter avec ses poules et ses cochons pour des trajets capricieux : tout dépend de l'humeur du chauffeur.

Double page suivante :
Le trône de l'église Nuestra Señora de los Remedios (Notre-Dame-de-l'Aide-Éternelle) n'est autre que la Grande Pyramide de Cholula. Au sein de l'église se trouve, protégée dans une vitrine, une statue de la Vierge qui aurait été offerte par Hernán Cortés aux moines franciscains.

TEOTIHUACÁN

Le soleil parvient enfin à transpercer le smog qui englue Mexico. Étrangement, le vacarme des faubourgs poussiéreux s'assourdit aux portes de celle que les Aztèques élirent « Cité des Dieux ». Pénétrer dans son enceinte, c'est s'envoler dans une autre dimension. Ici, tout est gigantisme mais harmonie. Symétrie et perspectives. À la mesure des divinités qu'elle honore : le Soleil et la Lune.

Teotihuacán fut entre les IVe et VIIe siècles, la capitale du plus grand empire précolombien. À son apogée, elle devint une des plus grandes cités du monde, plus vaste encore que la Rome antique, avec une population estimée à 250 000 personnes. Le site, inscrit au patrimoine mondial de l'humanité, s'organise en quartiers bien distincts – religieux, administratifs, artisanaux et résidentiels – bâtis autour de la Citadelle, le centre politique et culturel où résidaient les prêtres et dignitaires. S'y trouve le superbe temple dédié à Quetzalcóatl, richement couvert de sculptures aux motifs récurrents : le serpent orné de coquillages et d'escargots, symboles de l'eau, et le masque d'un dieu dont l'identité reste incertaine. La découverte de squelettes de prêtres aux mains liées dans le dos tendrait à prouver que les sacrifices humains ne concernaient pas uniquement les esclaves et prisonniers de guerre. C'est en remontant la Chaussée des Morts, voie principale de 4 kilomètres de long, que les visiteurs pourront contempler les icônes de Teotihuacán. La plus époustouflante est la pyramide du soleil, haute de 70 mètres, soit la troisième plus grande du monde derrière Cholula (dans l'État de Puebla) et Khéops l'égyptienne. Sa couleur muraille ne doit pas faire oublier qu'en son temps, elle était toute de rouge vêtue. Les Aztèques la consacraient au dieu du soleil et son orientation est telle qu'à son coucher, les rayons balayent exactement sa façade principale. Il faut y gravir les 248 marches très raides et étroites pour jouir d'une vue extraordinaire sur le site. Plus petite mais aux proportions harmonieuses, trône au bout de la Chaussée des Morts la pyramide de la Lune (46 mètres) construite selon la technique du *talud-tablero*. La splendeur de Teotihuacán influença de nombreuses civilisations. Ce qui suscite bien des interrogations quant aux raisons de sa brutale extinction. Incendies, invasions, épidémies, séismes... Un mystère qui mobilise toujours les archéologues et exacerbe un peu plus la beauté de ces pierres réticentes à révéler toute leur vérité.

Page de droite :
Vue panoramique sur la Cité des Dieu aztèque avec, altière, la pyramide du S haute de 70 mètres. Au premier plan se détachent des plates-formes cérémonielles qui s'alignent tout le lor des 4 kilomètres de la Chaussée des M (Avenida de los Muertos).
Quand les soldats de Hernán Cortés entrèrent dans Teotihuacán, ils furent émerveillés par la démesure de la cap aztèque et par les couleurs flamboyant qui enveloppaient tous ses temples.

Double page suivante :
Détails d'ornementations du temple de Quetzalcóatl ou temple du Serpent à plumes, reconnaissable aux têtes de serpents couronnées de 11 pétales et dont le corps est orné de coquillage et d'escargots, symboles de l'eau.
L'autre « créature » visible sur les bas-reliefs pourrait figurer Tláloc, le dieu de la pluie, mais de nombreux archéologue penchent pour une autre interprétation du dieu serpent à plumes.
D'autres très belles fresques se distingu au palais des Jaguars, peut-être dédié au dieu de la pluie, et au temple des Escargots à plumes.

VILLES COLONIALES

Bleu, ocre, tango, anis, fuchsia....Les villes coloniales exhibent leurs façades aux couleurs toniques ou défraîchies mais se calfeutrent derrière les fenêtres à jalousie et les portes cochères, dérobant aux regards d'accueillants patios fleuris. L'opulence de leur passé se devine dans la noblesse des demeures patriciennes, dans les squares arborés d'essences rares et l'architecture religieuse ou civile. San Miguel de Allende, Taxco, Querétaro, Guanajuato... des villes splendides et prospères grâce aux gisements d'argent et d'or qui enrichirent la couronne d'Espagne. Mais elles furent tardivement reconnues comme destinations touristiques. Trop loin des plages et des pyramides. Et pourtant ! Que de charmes et de beautés lumineuses s'expriment au gré de leurs ruelles empierrées et serpentines flanquées d'édifices baroques.
À Querétaro, important centre d'exploitation de l'opale et de pierres semi-précieuses comme la topaze, l'aigue-marine et l'améthyste, le promeneur découvre une ville séduisante, universitaire, dynamique, riche de milliers d'édifices historiques. Comme le couvent San Francisco désormais musée régional ou celui de la Santa Cruz sur lequel circulent de nombreuses rumeurs de miracles accomplis et qui fut le quartier général de l'empereur Maximilien.
Enchâssée dans des collines rebondies, Guanajuato la culturelle ne se livre pas immédiatement. Son entrelacs de venelles, de placettes et d'impasses s'amuse à égarer le visiteur dans une partie de cache-cache pour mieux lui concéder pas à pas ses trésors : la maison-musée de Diego Rivera, la basilique Nuestra Señora de Guanajuato du XVIIe siècle, la romantique Callejón del Beso, une ruelle si étroite que les amoureux peuvent s'embrasser d'un balcon à l'autre.
San Miguel de Allende est devenue la villégiature favorite des habitants aisés de la capitale qui en fuient la pollution pour respirer l'air de la campagne. Ils viennent ici s'étourdir de fêtes, de lèche-vitrines et d'expositions d'art, cette superbe ville coloniale très colorée fourmillant de galeries et de musées.
Taxco, la plus connue d'entre toutes, attire son contingent de touristes alléchés par les bonnes affaires qu'elle propose en matière d'argenterie. Tlachco – « L'aire du jeu de pelote » en nahuatl – fut peuplée par les Tlahuicas puis par les Aztèques.

Page de droite :
Le boom touristique des villes coloniales attire de plus en plus d'Indiens des montagnes qui viennent y vendre leurs tissus et objets artisanaux. Dans les régions de San Miguel, Querétaro et Guanajuato, vivent surtout des communautés d'Indiens Otomís toujours vêtus de leurs costumes traditionnels tissés et brodés à la main avec l'oiseau couleur arc-en-ciel comm[e] motif récurrent.

Double page suivante :
Taxco, la capitale de l'argent, déroule en cascade ses maisons badigeonnées [à la] chaux. Ville festive, elle accueille chaque année de nombreuses fêtes dont la Fer[ia] de la Plata, une sorte de festival de bij[oux] et objets en argent qui attire orfèvres et acheteurs du monde entier. Pour jou[ir] d'une vue panoramique sur cette jolie [ville] coloniale, il existe un téléphérique qui grimpe jusqu'au luxueux hôtel Monte Ta[xco] perché sur une colline. À pied, l'effort [est] beaucoup plus rude : la ville se trouve [perchée] à 1 800 mètres d'altitude !

38

FOTO ESTUDIO
ARANDA

Elle devint espagnole en 1529 sous le nom d'El Real de Tetzelcingo puis fut rebaptisée Taxco. Son essor survint au XVIIIe siècle avec la découverte par José de la Borda des plus grandes mines d'argent du pays. Sa vocation naquit et avec elle, plus de 500 boutiques et échoppes de bijoux et objets en argent.

Dans cette ville accrochée sur les pentes abruptes d'un massif boisé, il faut se perdre parmi le labyrinthe d'escaliers et de ruelles tortueuses qui dégringolent vers des placettes ombragées de lauriers. Une ravissante cascade de maisons basses badigeonnées de chaux à la blancheur éblouissante. L'icône de cette ville, classée monument national, est son église baroque Santa Prisca du XVIIIe siècle. Revêtue de pierres roses et d'une coupole en azulejos bleus et jaunes, c'est un petit chef-d'œuvre de l'architecture churrigueresque. Un foisonnement de statues, d'armoiries, de feuillages, d'anges et de coquillages sculptés. Un style baroque tropical très chargé certes mais ô combien idoine dans cette étonnante Taxco qui donne le tournis. À l'image de son pittoresque marché : un joyeux dédale de stands colorés.

Taxco abrite quelque 500 platerías*, c'est-à-dire boutiques d'argenterie, et un peu plus de 1 500 orfèvres. La concurrence est donc sévère et le ch bien vaste pour les touristes. Alors que la ville bourdonne d'animation, il est toujours agréable de se reposer dans un des nombreux cafés qui surplombent la Plaza Borda, le cœur palpitant de Tax où se croisent vendeurs de rues, taxis e colporteurs.*

Quand on abuse de la tequila au piment, breuvage certes délicieux mais un peu traître, pourquoi ne pas faire appel à un triporteur-taxi ? On en voit un peu partout au Mexique. Pratiques, ces véhicules permettent de transporter la marchandise au marché, puis de prendre en « stop » des promeneurs harassés… ou paresseux !

LE YUCATÁN

Cette presqu'île arrimée entre le golfe du Mexique et la mer des Caraïbes décline sa palette de vert, bleu et blanc. Savane, lagons et plages. Une région dont les pyramides constituent le plus haut relie et qui plonge ses racines au cœur de la civilisation maya. Il se murmure ici que les Yucatèques « parlent l'espagnol mais pensent en maya ».

MÉRIDA

Éclaboussée de soleil ou noyée sous les déluges tropicaux, Mérida respire la joie de vivre. Jadis baptisée Ciudad Blanca – Ville blanche – pour ses avenues propres et les costumes blancs de ses habitants, la capitale du Yucatán est une ville généreuse aux multiples facettes. Une agréable étape pour rayonner dans la presqu'île vers les pyramides mayas jamais très éloignées. Fondée en 1542 sur les ruines de la cité maya Tihó, son architecture dénote parfois des influences parisiennes comme le long du très chic Paseo de Montejo jalonné d'hôtels particuliers et du captivant musée régional d'Anthropologie. Un style qui s'explique par les relations commerciales que la ville entretenait au XIXe siècle avec la France, laquelle importait de Mérida le sisal destiné à son industrie textile.

Mais pour savourer Mérida la mexicaine, drapée d'ocre et d'ivoirin, il faut se diriger vers la Plaza Mayor, le ravissant *zócalo* aux lauriers touffus autour duquel cafés, échoppes et restaurants propagent une ambiance déridée qui culmine lors des grandes fiestas folkloriques dont Mérida a le secret. C'est également sur cette place que sont bâtis la plupart des édifices coloniaux dignes d'intérêt pour les visiteurs. Le premier qui s'impose par sa haute taille et sa carrure massive est la cathédrale du XVIe siècle, la plus ancienne du continent américain. Une des chapelles protège une belle statue en bois, le Christo de las Ampollas (Christ des Ampoules). Selon la légende locale, elle aurait réchappé à un incendie destructeur, juste boursouflée de cloques, d'où le nom de ce Christ vénéré depuis 1645 par tous les Méridiens. Tout en élégants pleins et déliés s'épanche la Casa de Montejo dont la façade ornementée traduit le plus joli style plateresque visible à Mérida. L'ancienne demeure des fondateurs de la ville résume par ses seules sculptures, un pan de l'histoire de Mérida. On y reconnaît des conquistadors munis de hallebardes soumettant d'affreux personnages velus, censés symboliser les Mayas. Un passé sanglant dont on peut lire d'autres passages sur les grandes fresques qui tapissent les murs du palais du Gouverneur. Les peintures de Fernando Castro Pacheco retracent l'invasion espagnole du Yucatán et la mise en esclavage des Mayas.

Un des meilleurs sésames pour s'infiltrer dans le cœur de Mérida et affleurer son âme est son grand marché, parfait concentré de Mexique et voyage à lui seul :

À quelques cuadras *(pâtés de maisons) du Paseo de Montejo s'élève la silhoue impressionnante de l'église Santa Ana. Impossible de se méprendre sur son st colonial aux lignes plus massives et défensives qu'élégantes et ornementale Dans le même secteur qui s'étale autou de la Calle 60, le promeneur découvrira autant d'églises, couvents et monastère que de parcs et jardins. Un endroit où il est très agréable de flâner, un peu en retrait de l'effervescence qui règne jou et nuit sur la Plaza Mayor, le ravissant* zócalo *de Mérida.*

géométrie de fruits exotiques ronds, coniques ou oblongs, patchwork de couleurs toniques, mosaïques d'épices lointaines, amoncellement de légumes inconnus en Europe, kyrielle de gargotes où l'on se presse pour goûter aux *botanas* (sortes de tapas), *tamales* (feuilletés de pâte de maïs) et *pozoles* parfumés (soupes de maïs, viandes et piments). La partie artisanale n'est pas en reste avec sa foultitude de beaux articles bigarrés : fruits en papier mâché, paniers en osier, *huipils* et *guayaberas* (blouses brodées), poteries, masques en bois aux expressions éloquentes, hamacs, *rebozos* (châles indiens), *huaraches* (sandales), panamas et bijoux...
Un séjour à Mérida offre de bien agréables excursions. Vers les petits ports du golfe du Mexique où des barques colorées dodelinent doucement sur des lagons lapis-lazuli. À Celestún également où les amateurs d'ornithologie découvriront un sanctuaire de flamants roses. Dans les terres modelées de collines broussailleuses, la petite ville coloniale d'Izamal séduira pour son atmosphère paisible et ses maisons peintes en jaune et blanc.

Ci-dessus et page de droite, en haut : Élégants manoirs comme il s'en est beaucoup construit tout le long du très chic Paseo de Montejo, les Champs-Élysées de Mérida. Une architecture trè[s] influencée par les styles français et ital[iens] qui avaient cours au XIXe siècle et que prisaient les notables yucatèques enric[his] par le commerce du textile. Aujourd'hui, ces demeures sont souvent occupées pa[r] des banques et des musées d'histoire régionale et d'anthropologie.

Ci-contre :
Une des nombreuses statues que l'on peut admirer sur la façade plateresque de la Casa de Montejo du XVIe siècle, toute parée d'ocre et d'ivoirin.

Double page suivante :
Si le Yucatán est synonyme de hamacs, il s'y fabrique tout autant de ravissants articles de vannerie. Paniers et malles garnissent les échoppes aux peintures défraîchies et envahissent le marché, un des plus pittoresques du Mexique.

JARCIEF

FAMA
541

UXMAL

Une perle de pierre blonde. L'harmonie et la perfection du style puuc qui fait vibrer cette belle cité cérémonielle endormie depuis 1 000 ans. « Celle qui fut construite trois fois », en langue maya, est la reine du Yucatán. Élégante, raffinée, richement parée, elle toise la rudesse du caractère toltèque de Chichén Itzá, toute fière de ses lignes épurées, de sa géométrie subtile et de son génie artistique.
La vue de ce chef-d'œuvre bâti entre 600 et 1100 après J.-C. désoriente les visiteurs par la profusion de détails qui décorent ses édifices. Les artisans d'Uxmal, des Mayas et des Xiús venus du Guatemala, sont passés maîtres dans l'art de la mosaïque : serpents à sonnette, huttes aux toits emplumés, masques de Chac, quetzals, fleurs, tortues, jaguars... les ornementations abondent en frises sur les façades et les linteaux et mieux qu'un vieux grimoire, racontent toute la mythologie maya.
Haute de 35 mètres, la Pirámide del Adivino – la pyramide du Devin – culmine audessus de la cité et défie toutes les lois architecturales du Mexique par son étrange forme ovale. La légende veut qu'elle ait été érigée en une nuit par un nain et sa sorcière de mère. Les archéologues affirment qu'il a fallu trois siècles... Qui croire quand la magie d'Uxmal s'empare du promeneur qui à cet instant, jurerait avoir entendu le staccato des tambours et des flûtes et vu défiler un cortège paré de plumes et de coquillages. Le spectacle de son et lumière orchestré chaque soir sur le site peut expliquer bien des mirages... Bien réel apparaît le magnifique Quadrilatère des Nonnes émaillé de 74 cellules ouvertes sur une cour intérieure. Une rigueur architecturale brisée par une flamboyance de frises en relief où serpents, fleurs et masques de Chac s'enlacent dans une étreinte minérale. Un passage sous une « voûte cassée » à la mode maya et l'on découvre le Jeu de Pelote, guère impressionnant mais aussi présent sur les sites mayas que les arènes dans les villes mexicaines.
Après le franchissement de petites collines boisées, la balade aborde quelques édifices comptant parmi les plus achevés d'Uxmal. La Casa de las Tortugas – la Maison des Tortues – dont le nom traduit parfaitement ce que l'on y voit : une demeure surmontée d'une corniche où s'alignent de belles tortues et une kyrielle de colonnettes façon tuyaux d'orgue. Quant à son utilisation, les interprétations animent

Cette vue peu classique de la pyram du Devin (Pirámide del Adivino) révè un des éléments architecturaux les p caractéristiques de l'ère maya : la vo en encorbellement, aussi appelée « f arc » ou simplement voûte maya, sou laquelle il faut passer pour atteindre la reine d'Uxmal. Cette ville bâtie ent 600 et 1100 après J.-C., lors de la fastueuse période classique, comb les cultures maya, chene et toltèque. Bien que conquise vers la fin de son apogée par les guerriers toltèques, la cité-État d'Uxmal n'a été que très transformée au plan architectural. Elle a donc conservé toute la finesse du style puuc qui se manifeste par une abondance de frises sculptées, d'arabesques et de dentelles de pierre et une foisonnante statuaire.

encore bien des débats. Sur le même plateau campe le Palacio del Gobernador, le palais du Gouverneur. Centre mètres de long, 11 entrées en fausses voûtes et 103 masques de Chac en enfilade ; l'ensemble dégage force et harmonie. On y admire la finesse des sculptures aux motifs stylisés qui ornent les linteaux et l'effigie d'un roi au-dessus de la porte centrale, face à l'autel du jaguar. Peut-être un trône.
Bien que baptisée Grande Pyramide, celle qui s'impose à côté du palais n'est pas la plus haute d'Uxmal. Ni la mieux restaurée. Ni celle dont on a percé tous les arcanes. Mais la vue depuis son sommet mérite bien qu'on fasse l'effort de se lancer à l'assaut de ses 32 mètres. C'est d'ailleurs sur son dernier degré que les grimpeurs pourront admirer encore de belles ornementations : masques, perroquets et fleurs finement ourlés dans sa pierre rosée. Pour qui dispose de temps et de l'envie d'approfondir son approche du style puuc dont Uxmal est le plus bel emblème, d'autres sites aux environs relèvent de cette période : Kabáh, Labná et Sayil. Pour les visiter, il suffit de suivre une route touristique bien signalée : La Ruta Puuc.

Cette forme ovale de la pyramide du D[...] est tout à fait exceptionnelle dans le Mexique précolombien. Le renflemen[...] des pentes adoucit cet édifice dépouill[...] de toute ornementation. Au sommet tr[...] un petit temple dont la porte d'entrée [...] matérialisée par un énorme masque bé[...] de Chac, le dieu de la pluie. Le manqu[...] d'eau dans la cité obligeait ses habitan[...] à multiplier offrandes et sacrifices pour contenter ce dieu trop « absent ».

Ci-dessus, à gauche :
Le jaguar, seigneur de l'inframonde, était vénéré des Mayas qui l'appelaient Balam. Ils attribuaient aux guerriers sa force et les plus valeureux entraient dans l'ordre de l'Aigle et du Jaguar.

Ci-dessus, à droite :
Quant au serpent à sonnette ou serpent solaire (Ahau Can), représentation du dieu du soleil, c'est-à-dire du dieu des dieux, il apparaît à Uxmal sur de nombreux édifices, notamment le magnifique Quadrilatère des Nonnes (Cuadrángulo de las Monjas).

LES CÉNOTES

Quand les Espagnols foulèrent le Yucatán, l'absence de rivières les surprit. Comment les Mayas pouvaient-ils survivre sur ces terres arides, sporadiquement inondées par les pluies diluviennes ? La clé du mystère reposait en fait sur des puits naturels qui leur donnaient accès à un vaste réseau de rivières souterraines : les cénotes ou *dzonot* en maya. Une formation géologique typique de cet immense plateau calcaire ultraperméable qu'est le Yucatán, née de l'effondrement des grottes. Certains cénotes forment des lagons opalescents ouverts sur le ciel. D'autres se découvrent au terme d'une excursion dans les entrailles de la terre. C'est le cas du cénote de Dzitnup près de Valladolid. Un petit lac turquoise où miroitent les stalactites et stalagmites, grandes orgues minérales d'une cathédrale souterraine parée d'ocres. Mais le plus précieux pour les Mayas reste le Cénote Sacré ou Chen-Ku de Chichén Itzá, ancien lieu de sacrifices et aujourd'hui de pèlerinage.

CHICHÉN ITZÁ

L'aube a des vertus enchanteresses. Sa lumière frémissante cisèle les détails, réveille doucement un paysage qui plus tard s'effacera, écrasé sous l'implacable rayonnement diurne. Instants magiques, alors que la foule étreint encore Morphée, pour s'éblouir les sens dans ce joyau du Yucatán. Un chef-d'œuvre des bâtisseurs mayas puis toltèques, érigé vers 450 après J.-C. Une ode à leurs dieux de la pluie Chaac et du serpent à plumes Quetzalcóatl. Des ruines spectaculaires où s'entrechoquent l'ombre et la lumière et qui s'élancent vers le cosmos, voûte infinie qui intriguait leurs fondateurs. Chichén Itzá – « Non loin de la fontaine des Itzás » en maya – doit son nom aux rivières souterraines qui alimentent son Cénote Sacré : un profond puits sacrificiel qui réclamait son quota d'offrandes et de vies humaines pour apaiser la colère des dieux et amener les pluies salvatrices sur les terres désolées.
Dès l'entrée dans cet ancien lieu de culte, s'imprime l'image de la splendide mais sobre silhouette d'El Castillo. La pyramide du Serpent à plumes, ou Kukulcán en maya, témoigne des connaissances cosmologiques de ses créateurs : quatre faces (les points cardinaux), 365 marches (les jours de l'année solaire), 52 panneaux (les années du siècle maya) et 18 terrasses surmontées d'un temple (les mois du calendrier religieux). À chaque équinoxe, les faisceaux du soleil couchant dessinent l'ombre d'un serpent géant sur les flancs de son escalier central. Une des magies de sa construction sur laquelle veillent les jaguars rouges aux yeux de jade tapis au fond de la crypte. Les plus courageux peuvent gravir la pente à 45 degrés de Kukulcán. Leur effort sera récompensé par une vue saisissante sur le site. L'exploration de Chichén Itzá promet bien d'autres merveilles. La plus fantastique est le temple des Guerriers cerné d'une armada de colonnes ornées de guerriers emplumés qui montent la garde sur la célèbre statue du Chac-mool couché, le Jaguar rouge. À Chichén comme sur les autres sites mayas, les serpents à gueule ouverte et tout autre masque béant représenteraient des entrées vers l'inframonde, la mort ; les aigles, jaguars et coyotes dévorant un cœur humain seraient des emblèmes protecteurs ou guerriers. Une parfaite illustration se trouve au temple des Jaguars, autel pour les offrandes au Soleil. Mais encore plus fascinant est l'aire du jeu de pelote, le plus grand et le plus beau terrain de Méso-Amérique. Deux équipes s'y opposaient qui devaient

Menaçante, cette gueule du serpent à plumes qui veille sur la pyramide de Kukulcán ! Il faut s'y habituer quand on visite Chichén Itzá qui honore Quetzalcoátl, le dieu totem. À partir d l'an 1000 après J.-C., un important brassage s'est opéré entre Mayas et envahisseurs toltèques, dont la cité de Chichén Itzá est la plus évidente expression. À partir de 1250 environ, l'hégémonie de la puissance politico-religieuse de Chichén fut évincée par la grande cité de Mayapán. Une périod marquée par des guerres de pouvoir q affaiblirent les populations, bloquèrent les échanges commerciaux et ruinèren les villes. Cet éclatement du royaume à l'aube de la conquête espagnole ne p qu'en faciliter l'accomplissement.

lancer une balle en caoutchouc dur avec les genoux, les hanches et les coudes au travers de cercles en pierre dont il reste ici un superbe vestige. Sur certains bas-reliefs de l'enceinte délimitée par de magnifiques têtes de serpents, se devinent des joueurs, une balle ornée d'un crâne humain et le capitaine d'une équipe mené au sacrifice, un sort croit-on réservé aux vaincus. Il suffit d'ailleurs de jeter un œil au Mur des Crânes – Tzompantli – sculpté de centaines de têtes de mort grimaçantes, pour comprendre que les Anciens ne plaisantaient guère avec ce jeu ! Si ces édifices datent de la période maya-toltèque de Chichén-Itzá, c'est-à-dire la plus récente (vers l'an 1000), ceux au sud de la cité sont plus anciens (V^{e}-Xe siècle) et de style purement maya. Parmi eux figurent le temple des Nonnes et El Caracol, le temple de l'Escargot. Il s'agit en fait d'un observatoire astronomique, source d'un nouveau mystère : pourquoi les étroites fenêtres qui percent sa structure en colimaçon ne laissent-elles filtrer le soleil que deux fois par an ? D'aucuns pensent que cela permettait aux prêtres de déterminer le temps mais cet escargot reste muet.

LE MEXIQUE

Iconographie :
Agence photographique Hoa-Qui distribution
www.hoaqui.com

Ciudad Juárez
ÉTATS
Sonora
Chihuahua
Hermosillo
Golfe de Californie
Chihuahua
(1 455 m)
Creel
(Mer de Cortés)
Ciudad Obregón
Barranca del Cobre
Basse
Californie
Los Mochis
Sierra Madre occidentale
Durango
La Paz
Durango
Sinaloa
Mazatlán
San José del Cabo
Nayarit
Puerto Vallarta
Jalisco
OCÉAN
PACIFIQUE
0
100
200
300 km

Grande
avo del Norte
Golfe du Mexique
aulipas
Tampico
Isla
Mujeres
Cancún
Progreso
Izamal
Playa del
Carmen
Mérida
Valladolid
Cozumel
Uxmal
Chichén Itzá
Tulum
ende
Yucatán
Mer des
Caraïbes
Campeche
go
Quintana
Roo
Teotihuacán
Chetumal
Pico de Orizaba
(5 610 m)
Veracruz
Campeche
opocatépetl
(5 452 m)
Puebla
(2 162 m)
Tabasco
Veracruz
Villahermosa
Puebla
Palenque
BELIZE
Agua Azul
Chiapas
San Juan
de Chamula
Monte Albán
Oaxaca
(1 550 m)
Tuxtla Gutiérrez
San Cristóbal
de la Casas (2 200 m)
Madre méridionale
Oaxaca
Comitán
Tehuantepec
GUATEMALA
HONDURAS
Puerto Angel
Tapachula
SALVADOR

On le rêve bleu lagon, vert cactus, jaune soleil, rouge piment, ocre sierra, gris pyramide et blanc hacienda. On le découvre bien ainsi, se déployant en Technicolor. On imagine une terre lointaine aux accents rauques et roucoulants, aux musiques endiablées et aux chansons un peu canailles. On l'écoute ainsi mais avec également d'autres mélodies plus languissantes qui s'égrènent aux sanglots des guitares. On se le figure désertique et côtier. On le contemple tout aussi volcanique, lacustre, « canyoneux », fluvial et forestier.

Trait d'union entre les deux Amériques, le Mexique est un étourdissant kaléidoscope d'images poignantes et de sensations voluptueuses. Un pays qui exalte et bouscule les cinq sens et ne cesse de soulever d'insolubles questions. Un pays qui se dessine pluriel mais s'écrit au singulier... Un palimpseste de cultures et de mémoires qui se confondent et se juxtaposent : les églises poussent sur les pyramides, les gratte-ciel ombragent des palais coloniaux, les Indiens marchent en Nike mais pratiquent des rites séculaires, les voitures doublent des charrettes tractées par des bœufs. Une géographie époustouflante, une histoire picaresque, une société unique, un patrimoine somptueux... Les arguments décisifs ne manquent pas pour séduire les voyageurs qui réaliseront là-bas certainement l'un de leurs plus beaux voyages... en tout cas, l'aventure sera inoubliable.

Quand Charles Quint demanda à Hernán Cortés de lui décrire ce nouvel Eldorado, le conquistador froissa une feuille de papier qu'il tendit au roi. Geste adéquat pour traduire la variété du relief et des paysages du Mexique. D'une superficie plus de trois fois supérieure à celle de la France (1 972 547 kilomètres carrés), il présente en son noyau un paysage balafré de montagnes déchiquetées et de volcans enneigés qui s'adoucit en s'en éloignant de vallées, de vastes plaines, de déserts et de forêts tropicales. Frangé à l'ouest par le Pacifique et à l'est par l'Atlantique (mer des Caraïbes et golfe du Mexique), il s'étire sur 3 170 kilomètres du nord au sud et 1 200 kilomètres d'un océan à l'autre. Sabré presque en son milieu par le tropique du Cancer, il se trouve baigné d'un large éventail de climats : steppiques, désertiques, tropicaux sec et humide, tempérés... À climats

variés, faune et flore diversifiées. Et là encore, les chiffres sont éloquents. Plus de 30 000 espèces de plantes, 800 variétés de cactus, 1100 espèces d'oiseaux et 450 de mammifères, reptiles et batraciens. La vie marine n'est pas en reste. À elle seule, la sublime mer de Cortés abrite plus d'un tiers de tous les animaux marins connus dans le monde.

L'histoire du Mexique s'avère captivante et bouleversante. Une fresque vivante de civilisations brillantes et rayonnantes, brutalement interrompues dans leur marche par un événement majeur : la conquête espagnole qui a engendré d'irréversibles changements humain, religieux, artistique et sociétal. Du premier peuplement olmèque apparu vers 1200 avant J.-C. à l'émergence de l'empire aztèque vers 1200 en passant par l'essor de la civilisation maya vers 250, le Mexique préhispanique a repoussé ses frontières, bâti des cités aussi magnifiques que gigantesques, vénéré des dieux souvent impitoyables, maîtrisé les arts, le calcul, l'écriture et vu s'épanouir des civilisations dont le monde n'a pas fini de sonder toutes les richesses. Puis, un jour de l'année 1519, tout bascule. En quête d'or, d'argent et de nouveaux territoires, le conquistador espagnol Hernán Cortés débarque de son galion et foule le sol de ce qui sera la Nouvelle-Espagne. L'empereur aztèque Moctezuma II croit reconnaître en cet homme étincelant dans son armure le dieu Quetzalcóatl, le serpent à plumes, et l'accueille dans la capitale Tenochtitlán, l'actuelle Mexico. Tout s'enchaîne alors très vite. Massacres, guerres, épidémies mortelles... Une civilisation vieille de 3 000 ans est anéantie en 2 ans, ses fiers citoyens-bâtisseurs relégués au rang d'esclaves et leurs dieux piétinés. C'est de cette rencontre choc qu'est né le peuple mexicain, métissage d'Indiens et d'Espagnols. Un cas unique sur le continent américain. Les *mestizos* constituent en effet la majorité (environ 80 %) de la population estimée à 96 millions d'habitants, qui se compose par ailleurs d'*indigenas*, c'est-à-dire les Indiens (environ 10 à 15 % de Nahuas, Mayas, Zapotèques, Mixtèques, Totonaques, Tarahumaras, Tarasques) et de Blancs ou *criollos* (environ 10 %). Une société globalement très machiste et très catholique où la place de la femme évolue cependant vers une certaine émancipation.

L'influence nord-américaine se ressent. Si la langue officielle est l'espagnol, une cinquantaine de langues et dialectes indiens ont cours et parfois, prévalent sur tout autre, surtout dans les *pueblos* les plus reculés. De tous les pays d'Amérique latine, le Mexique est le plus industrialisé mais reste encore fortement agricole. Ses sols sont extrêmement riches (argent, or, cuivre, plomb, zinc...) et sa production de pétrole est une des plus fortes du monde. Pourtant, la pauvreté existe et conduit beaucoup de Mexicains à s'exiler, souvent clandestinement, vers les États-Unis voisins. Le tourisme nourrit plus de 10 % de la population active et le pays accueille chaque année plus de 21 millions de visiteurs. Il faut avouer que l'ampleur de sa ressource culturelle a de quoi susciter l'engouement : plus de 11 000 sites archéologiques parmi lesquels Palenque (Chiapas), Uxmal (Yucatán), Chichén Itzá (Yucatán), Teotihuacán (Mexico), Monte Albán (Oaxaca) sont inscrits au patrimoine mondial de l'humanité par l'UNESCO. Poste phare de l'économie nationale, le tourisme joue maintenant la carte de sa diversification, vers l'écotourisme en premier lieu. Une ambition devenue réalité grâce à des sites très prometteurs : la réserve biosphère de Sian Ka'an près de Cancún, les circuits écotouristiques de la Barranca del Cobre, la forêt tropicale humide du parc naturel de Catemaco dans l'État de Veracruz, le parc national des volcans Iztaccíhuatl-Popocatépetl près de Puebla.

Alors quels Mexique attendent le voyageur impatient ? Le Mexique aventure, dans le « Chepe », le train légendaire qui sillonne le grand canyon du Cuivre (Barranca del Cobre), sur les hauts volcans qui dardent leurs cônes fumants à plus de 5 000 mètres d'altitude ou dans le désert virginal de Basse-Californie. Le Mexique sportif et récréatif grâce à ses multiples structures, naturelles ou aménagées : l'escalade, la plongée sous-marine, les randonnées, le surf, l'équitation, le kayak, le golf, la pêche au gros ou le rafting. Le Mexique précolombien avec une immersion fantastique dans les mondes fascinants des Olmèques (La Venta), des Zapotèques et Mixtèques (Monte Albán, Mitla), des Aztèques (Templo Mayor de Mexico), des Teotihuacanos (Teotihuacán) et bien sûr des Mayas (Palenque, Tulum,

Uxmal, Chichén...). Une exploration qui fait gravir des pyramides parmi les plus hautes du monde et admirer des chefs-d'œuvre artistiques vieux de plus de 2 000 ans. Le Mexique colonial pour suivre les traces des conquistadors espagnols dans de majestueuses villes comme Oaxaca, Puebla, Taxco, Pátzcuaro ou San Cristóbal de las Casas. L'occasion de découvrir des édifices religieux et civils aux fines arabesques ou aux décors chargés d'ornementations. Une balade qui aborde les styles architecturaux les plus caractéristiques du Mexique : plateresque, churrigueresque, baroque flamboyant... Le Mexique farniente sur le turbulent Pacifique, dans l'échancrure indigo de la mer des Caraïbes aux plages nacrées ourlées d'eaux chaudes ou dans des îles paradisiaques caressées par les alizés qui ébouriffent des palmiers élancés. Le Mexique artisanal, partout dans la république, ce pays étant un des plus prolifiques en ce domaine et très réputé pour la beauté et la qualité exceptionnelles de ses objets et articles traditionnels : ponchos, tapis brodés et bariolés, hamacs en fibre de sisal, masques en bois polychromes, bijoux en argent, obsidienne et turquoise, céramiques vernissées, chapeaux et paniers tressés, cuirs... Le Mexique gastronomique promet une ode de couleurs, de saveurs, de parfums et d'audaces. Des plats épicés qui aiment mêler des ingrédients inattendus comme le poulet au cacao et cumin ou le porc au jus d'orange, guacamole et oignons pimentés. Avec parfois quelques surprises pittoresques comme les *nopales*, feuilles de cactus de Barbarie, les criquets grillés, les fourmis salées, les vers de maguey (macérés dans l'alcool d'agave), tous servis frits dans de croustillants *tacos*. Le Mexique indien qui conduit le voyageur piqué d'ethnologie dans les villages mayas des montagnes du Chiapas, dans les hameaux zapotèques de la vallée de l'Oaxaca et tarasques du Michoacán, dans les bourgs tarahumaras de la Sierra Madre occidentale ou nahuas de Puebla.

Des Mexique absolument indissociables parce que tous intimement liés. Aussi, s'offrir un seul voyage dans ce fabuleux pays, c'est en effectuer plusieurs. Mais croire que l'on pourra saisir le Mexique en une seule fois relève de la gageure. Généreux avec les voyageurs curieux et ouverts, le Mexique leur concédera néanmoins beaucoup de ses trésors.

Plus qu'une pyramide, Kukulcán est un véritable calendrier cosmologique qui révèle ses savantes équations lors des équinoxes. À gauche, un pan du mur aux crânes, le Tzompantli. Les Mayas exposaient sur sa plate-forme les crânes des victimes sacrifiées, notamment ceux des vaincus au jeu de balle. À droite, les figures géométriques qui ornent la plupart des bas-reliefs, comme ceux du groupe des Mille Colonnes. Les bâtisseurs toltèques ont laissé sur les constructions mayas de nombreuses empreintes religieuses et architecturales : vastes salles en colonnades, statues de Chac-mool allongé, figures stylisées de Chac sous forme de crochets-serpents…

TULUM

Depuis plus de 500 ans, la « Cité de l'Aube » assiste chaque matin dans une ultime inspiration à l'ascension du disque vénéré qui enflamme l'horizon bleuté de l'océan Atlantique. Tourné vers l'orient, ce bastion fortifié paraît lové dans un profond cocon de mélancolie dont rien ne semble pouvoir l'extirper. Ni la noria de globe-trotters ravis, ni la sereine beauté du décor tropical : une mer scintillante couleur saphir frangée de falaises noires et d'une crique de sable blanc. En 1518, ses premiers visiteurs, des navigateurs espagnols commandés par Juan de Grijalva, furent éblouis par les peintures flamboyantes rouges, bleues et blanches qui habillaient les édifices illuminés de feux sacrés. Port de commerce, Tulum servait en fait de phare aux marins mayas qui longeaient les côtes du Yucatán et fut l'une des dernières cités construites par les Mayas.

Que reste-t-il désormais de ce glorieux passé alors que les torches se sont consumées et les peintures évanouies ? Les yuccas et les palmiers veillent sur des temples trapus affinés de bas-reliefs ornés de masques de divinités mayas. Les eaux turquoise de l'océan caressent les vieilles pierres blondies. Celles du Castillo, le plus grand édifice de Tulum dont l'autel des sacrifices tait à jamais les antiques cérémonies qu'il présidait. Celles du délicat temple des Fresques érigé vers 1450 au cœur de la cité marine. C'est le bijou du site, richement orné tel un vieux codex où apparaissent les divinités du panthéon précolombien : Itzamná, dieu du ciel, Chac, dieu de la pluie, et Ixchel, déesse de la lune et de la fécondité.

La promenade dans la cité où ne vivent plus que de gros iguanes grimaçants dépose sa nostalgique empreinte sur les visiteurs et soulève bien des interrogations. Qui est cet étrange personnage ailé à queue d'oiseau de paradis qui hante les niches des temples de Tulum ? Peut-être un homme-abeille, insecte vénéré par les Mayas. Pourquoi les murs du temple du Dieu Descendant présentent-ils cette bizarre inclinaison ? Bien des mystères planent encore sur Tulum et s'accumulent sur la brillante civilisation maya. Pour sa situation exceptionnelle, pour son architecture unique forgée de remparts et d'un chemin de ronde, cette forteresse solitaire effleurée par les alizés reste un joyau du monde maya. Le plus ancien témoignage de la vocation maritime des anciens Yucatèques.

Double page précédente et page de droite : Surplombant la mer des Caraïbes, le Castillo veille sur le port de Tulum. Les marins mayas empruntaient des réseaux fluviaux et lacustres et suivaient une route maritime qui allait de Campeche, sur le golfe du Mexique, au Honduras. Les marchandises échangées (couteaux en obsidienne, objets en jade, en or, sacs de sel, piments, herbes médicinales, ballots de coton et jarres de miel) se payaient en cacao, jade ou paillettes d'or. Pour naviguer sans compas, les Mayas avaient développé un système de « phares » tout le long de la côte, à l'instar de Tulum : sur ses colonnes et plates-formes brûlaient en permanence des feux de balisage. Leurs embarcations pouvaient transporter, outre les marchandises, 40 passagers et rameurs. Hernán Cortés raconta que les Mayas utilisaient des cartes marines où étaient inscrits les ports d'escale, les criques protégées en cas de tempête, les ports de ravitaillement et de réparation. Au milieu du XVIe siècle, Tulum et tous les ports de commerce furent abandonnés.

RIVIERA MAYA

Ou le farniente au pied des pyramides... De Cancún au Belize, la côte prend la pose. Une caribéenne mitraillée de toute part pour figurer sur quelque carte postale ou calendrier en papier glacé. La notoriété de la star des destinations mexicaines ne se dément pas depuis son lancement dans les années 1970 sur la planète Tourisme. Il faut lui concéder bien des arguments chocs pour expliquer un tel engouement auprès des voyageurs. Plus de 200 kilomètres de plages de sable lacté, des eaux tièdes et turquoise toute l'année, des fonds coralliens superbes et des îles de rêve. Et tout cela, à quelques kilomètres des pyramides mayas, de jolies villes coloniales et d'adorables *pueblos* où les femmes mayas tissent de somptueux hamacs. Alors, il serait dommage de ne pas succomber à tant de charmes, surtout quand le froid et la grisaille de l'hiver ankylosent nos villes européennes.

Destination mythique de la Riviera maya, Cancún ne souffre aucune tergiversation : on l'aime ou on la déteste. Tout dépend de ce que l'on attend d'elle. Ses partisans loueront son aéroport international, sa baie aux subtils dégradés de bleus, ses longues plages de sable fin, ses hôtels ultramodernes, ses bars, ses restaurants et boîtes de nuit... les mêmes arguments qui provoqueront l'ire de ses détracteurs. En quête d'un peu plus de calme et d'authenticité, ces derniers préféreront des stations balnéaires moins tapageuses comme Playa del Carmen ou des îles tropicales, comme Isla Mujeres, Isla Holbox et Isla Cozumel. Que l'on ne s'y trompe pas, la frénésie du tourisme a déjà gagné ces destinations mais elles offrent encore bien des attraits. Il est en effet toujours possible de se loger dans des bungalows, rustiques peut-être mais pieds dans l'eau. De savourer des poissons tout juste pêchés et vendus sur la plage. De pratiquer tous les sports nautiques imaginables mais sans s'inquiéter de la foule ni des prix exorbitants. De déguster des jus de fruits frais d'ananas, de pastèque ou de papaye et non versés d'une cannette importée des États-Unis. D'adopter enfin une certaine nonchalance, juste pour garder en mémoire que la Riviera maya, c'est encore le Mexique même si celui-ci ne se manifeste plus que dans les assiettes, les boutiques et les petits musées d'histoire locale.

Quand vient une certaine saturation de baignades et que sont épuisés les jeux nautiques, il est facile de se ressourcer dans l'arrière-pays et d'y rencontrer ses racines

Le Quintana Roo est l'État le plus méridional de la presqu'île du Yucatán, faisant frontière avec le Belize et le Guatemala. Une région peuplée de Mayas puis colonisée par les Espagnols en 1544. Jadis repère de pirates, sa Riviera maya est devenue celui des touristes du monde entier en quête de soleil, de plages idylliques et de baignades en eaux tièdes. Si la foule se rue sur Cancún, d'autres stations balnéaires plus paisibles jalonnent la mer des Caraïbes. À l'instar de Playa del Carmen, ancien village de pêcheurs qui a su préserver un certain charme. Ou d'Isla Mujeres, « l'île aux femmes », au sujet de laquelle circulent plusieurs légendes. L'une prétend que l'île abritait les femmes des pirates et boucaniers pendant qu'ils vaquaient à quelques pillages en mer. Une autre explique que les marins espagnols y découvrirent un site sacré rempli de statuettes de femmes. Pour les archéologues, Mujeres constituait une étape vers Isla Cozumel, lieu de culte d'Ixchel, la déesse de la fertilité.

mexicaines. Nul besoin de rouler jusqu'à Mérida. Toute proche des rivages mais éloignée de sa modernité, Valladolid peut satisfaire l'envie de se frotter à l'histoire mexicaine. Joliment coloniale et agréablement paisible, elle peut constituer une étape pour ceux qui cheminent vers Chichén Itzá et Mérida. Peu de sites à visiter, hormis son église du XVIe siècle, mais elle a le privilège de côtoyer quelques-uns des plus beaux cénotes du Yucatán. Puis, par des petites routes qui pourfendent de vastes plantations d'agaves aux reflets bleutés, le voyageur intéressé pourra visiter quelques villages pittoresques tournés vers la fabrication des hamacs et des magnifiques panamas. Les plus réputés sont Ucu et Tixcocob mais partout, les femmes indiennes s'adonnent en famille à cette activité dans de petits ateliers ou sur le seuil de leurs masures en bois, adobe et palmes. Les fibres de sisal issues de l'agave sont teintes aux couleurs de l'arc-en-ciel puis tissées sur de grands métiers en bois. Naît de ces gestes traditionnels un des plus beaux artisanats du Mexique, à rapporter sans faute dans ses bagages.

Ci-dessus :
Rose bonbon, vert céladon ou pastel, les cabañas, *bungalows pieds dans l'eau, accueillent les voyageurs désireux de vivre comme Robinson à l'ombre de Tulum.*

Page de droite, en haut :
Sur la Riviera maya, les ambulants proposent des jus de fruits frais pressés sur le « stand-triporteur ». Une pause idéale pour faire le plein d'énergie avant une dure journée de farniente sous les cocotiers...

Ci-contre :
Les hamacs du Yucatán se déclinent en coton ou Nylon et en plusieurs tailles : sencillo *(individuel) fabriqué avec 50 paires de cordes de sisal,* matrimonial *(double) avec 150 paires de cordes et* quatro cajas *(très grand) réalisé avec 175 paires de cordes.*

Double page suivante :
Les barques dodelinent sur le lagon d'Isla Mujeres, un éden languissant loin de Cancún la frénétique.

Corona
Corona

Brisa
J. DE DIOS

LE CHIAPAS

Brossé de montagnes et de forêts, le Chiapas fascine. Dans ses vallées fertiles se cachent une kyrielle de villages mayas où les aiguilles du temps semblent avoir stoppé leur course à l'ère préhispanique. Au cœur de la jungle qui déroule sa luxuriance jusqu'au Guatemala, émerge de la brume Palenque, un des sites les plus mystérieux de Méso-Amérique.

SAN CRISTÓBAL DE LAS CASAS

La petite route en lacets se tord dans une montagne vert mousse mouchetée de gros papillons turquoise et traverse des hameaux qui semblent flotter dans les nuages, où vivent des paysans mayas ceints de costumes chatoyants. Un ultime virage puis, tel un mystérieux élixir, la vue de San Cristóbal de las Casas assaille le visiteur de sensations indicibles. Si cette petite ville enchâssée dans un écrin de pinèdes brille de tous les éclats du colonial, son âme demeure profondément indienne, à peine altérée par l'affluence touristique. Son charme spontané se répand dans les ruelles aux pavés luisants, ourlées de maisons nattées de tuiles incarnates et aux murs apprêtés d'or, de pourpre, d'ocre ou de céruléen. Sa beauté fuse des églises à l'architecture exubérante. Seuls les fêtes et les marchés ébranlent la sérénité de la doyenne espagnole du Chiapas. Ces jours-là, elle titube dans une liesse contagieuse qui s'empare de ses âmes dans un tourbillon de musiques, de danses, de fleurs et de processions.

Pour vivre San Cristóbal, tout voyageur devrait s'y accorder plus qu'un passage éclair. Le temps d'en saisir la quintessence indienne, d'y contempler les ombres de la grande croix austère qui planent sur sa lumineuse cathédrale, d'extirper ses secrets et d'assister aux joyeuses ou âpres joutes verbales qui scandent les trocs du marché matinal.

Visiter San Cristóbal, c'est franchir le portail de ses nombreuses églises. Les premiers pas conduisent le promeneur possédé par l'ambiance vibrante vers la cathédrale Nuestra Señora de la Asunción. Érigée au XVIIe siècle, sa merveilleuse façade safran et grenat colore le grand *zócalo*. Elle accueille chaque jour les femmes mayas qui s'installent sous le porche entourées d'enfants débraillés aux regards graves, attendant quelque passant pour vendre leur artisanat. Mais plus belle encore se détache l'église Santo Domingo érigée entre 1547 et 1560, à l'époque de l'annexion du Chiapas au Guatemala. La façade plateresque en dentelle de pierres roses artistiquement sculptées attire l'œil mais ne laisse pas deviner ce qui attend le visiteur en son sein. Du baroque mexicain de la plus pure facture !

Il aura fallu 4 ans aux soldats de Charles Quint pour faire tomber Huezacatlán, tant était forte la résistance maya. En 1528 cependant, Diego de Mazariegos fonda Villa Real et soumit les habitants à l'esclavage. Il faudra l'intervention du dominicain Bartolomé de Las Casas pour que cessent les humiliations. La ville fut rebaptisée en l'honneur de ce grand défenseur de la cause indienne et son nom reste vénéré des Tzotzils et Tzeltals. Si la ville perdit en 1892 son statut de capitale du Chiapas au profit de Tuxtla Gutiérrez, elle reste la gemme de cette région. Un seul regard sur sa cathédrale persuade que San Cristóbal ne ressemble à aucune autre. Ses couleurs reflètent les bigarrures des robes et châles des habitants ; ses colonnes torsadées semblent faire écho aux longues nattes ébène des femmes mayas…

Un habillage à la fine feuille d'or où se mirent une profusion de statues polychromes, d'autels en bois doré, une chaire en bois massif richement torsadé. Le soir, l'éclairage des réverbères accentue la majesté de Santo Domingo, donnant plus de relief encore à l'aigle impérial bicéphale qui orne le portail, l'emblème de Charles Quint.

Adossé à Santo Domingo, l'ancien monastère accueille Sna Jolobil, littéralement la « maison du tissage » en maya-tzotzil. En fait, la coopérative de textiles indiens qui regroupe 800 tisserands de diverses ethnies mayas du Chiapas. On peut y admirer les superbes créations bigarrées notamment des communautés tzotzil et tzeltal des hauts plateaux. Un peu plus loin, sur la colline de Guadalupe, il ne faut pas manquer la visite du passionnant musée Na-Bolom, la « maison du jaguar ». Cette fondation culturelle dédiée aux Indiens du Chiapas et à leur héritage ancestral est la clé de voûte pour mieux cerner la complexité des habitants de la région et surtout bien préparer son excursion dans les villages mayas des environs de San Cristóbal.

Au Chiapas, les femmes portent des enredos, *jupes longues d'une seule pièce qu'elles complètent d'une ceinture de flanelle, d'un châle de laine pour enrouler et porter les bébés et d'un* huipil. *Cette tunique brodée à la main est très symbolique car elle transcrit l'histoire et les croyances de celles qui la portent ou de leur village d'origine. Ainsi, les motifs en zigzags représentent le dieu de l'éclair, les scorpions et les fleurs illustrent la fertilité et les losanges le cosmos. Le filage et le tissage restent des gestes sacrés associés à l'enfantement. D'ailleurs, la patronne des tisserandes est Ixchel, déesse de la lune et de la fertilité.*

Enfin, c'est au Mercado, à quelques *cuadras* (pâtés de maisons) de la place centrale, que finit par conduire toute errance dans San Cristóbal, toute quête d'authenticité. Ici, au milieu d'un bouquet de couleurs et d'arômes, rien ne semble avoir changé depuis les temps préhispaniques. Venues à pied de villages reculés, les familles indiennes vendent fleurs, racines comestibles, galettes et fruits. L'observateur pourra alors distinguer leurs *pueblos* d'origine aux teintes et motifs des costumes qu'elles arborent. Graver de telles images sur pellicule sera plus délicat, les Mayas n'aimant pas être photographiés. Un souhait tout à fait légitime tant l'histoire a bafoué la dignité de ce peuple rejeté qui commence tout juste à retrouver sa place dans la société mexicaine.

LES MAYAS

Des plaines du Yucatán et des montagnes du Chiapas aux jungles du Honduras en passant par l'Altiplano guatémaltèque, l'aire maya abrite un peuple pluriel, dépositaire de traditions et de valeurs spirituelles ancestrales. Sa civilisation fascine et n'a pas fini de révéler ses mystères ni d'étonner. Il aura fallu l'attribution en 1992 du prix Nobel de la paix à une Indienne Maya du Guatemala, Rigoberta Menchú, pour que monde extérieur réalise les injustices qui frappaient cette minorité et l'annihilaient.

Les Mayas ont inventé l'écriture, le calendrier rituel et leurs calculs s'appuyaient déjà sur une savante numérotation dont le compte long, le zéro, constituait la base. Dans le Mexique actuel, ils se distinguent selon qu'ils vivent dans les basses terres (Yucatán, Campeche, Tabasco…) ou dans les hautes terres (Chiapas). Les Mayas du Chiapas restent les plus ancrés dans leurs traditions et les plus attachés à leurs costumes, fêtes et modes de vie.

SAN JUAN DE CHAMULA

Sur la place mi-empierrée mi-terreuse, trois croix vertes élancées, symboles de l'arbre de vie, peignent leurs ombres sur l'église blanche incrustée de mosaïques vertes et bleues. Les villageois, des Tzotzils revêtus de leurs costumes traditionnels, vaquent à leurs occupations sans se soucier des visiteurs étrangers. Établir un semblant de dialogue n'est guère facile. Barrière de la langue maya et accueil un peu frais, surtout depuis que des touristes parfois irrespectueux se rendent dans les villages mayas comme ils iraient au zoo... Mais pour le voyageur sensible et sincèrement ouvert, une balade dans San Juan de Chamula laissera des souvenirs indélébiles martelés d'émotions fortes. Il suffit de respecter quelques règles d'hospitalité et de bienséance, la première étant de ne pas photographier les cérémonies religieuses ni l'intérieur de l'église. En franchissant son porche, on s'immerge dans une ambiance unique qui touchera le cœur des voyageurs les plus blasés. Pas de bancs mais un sol jonché d'aiguilles de pin, des milliers de bougies et de bâtonnets d'encens allumés et des centaines de statues et d'images de saints baroques. Dans cette atmosphère alourdie de fumées âcres et odorantes, des Indios agenouillés psalmodient des prières incantatoires avec, accrochés à leur cou, des miroirs censés refléter leur âme. On assiste là à quelque rituel qui pousse au paroxysme le syncrétisme religieux. Ici, rites catholiques importés par les jésuites espagnols se confondent avec la mythologie maya, les Chamulans vivant en totale symbiose avec la terre et le cosmos, deux éléments fondamentaux de leur foi.

En se promenant au fil des ruelles de ce centre cérémoniel, l'observateur remarquera certaines nuances dans la couleur et la longueur des rubans qui ornent les chapeaux ronds des hommes en ponchos de laine écrue ou noire. Ces différences soulignent en fait leur fonction, religieuse ou administrative, au sein de la communauté. Celle-ci s'organise selon une hiérarchie bien établie avec à sa tête le *mayordomo*, en charge des statues et images vénérées par les Chamulans. Viennent ensuite les *alféreces*, responsables de l'organisation des fêtes religieuses, puis les *principales* ou vénérables aux rôles politiques et administratifs.

Le marché de fruits et légumes est essentiellement le fief des femmes chamulans mais là encore, le contact est timide, la plupart ne parlant que le maya.

Page de droite :
Les Chamulans constituent le plus grand groupe tzotzil avec quelque 40 000 membres. Cette communauté qui vit dans les montagnes environnantes de San Cristóbal de las Casas reste toujours très attachée à ses coutumes ancestrales. Un de ses plus vieux rituels est celui du feu, durant lequel les jeunes Chamulans doivent fouler pieds nus un tapis de braises incandescentes.

Double page suivante :
Le centre cérémoniel de San Juan de Chamula reproduit le schéma qui prévaut dans toutes les communautés mayas des hautes terres (Tzeltals, Toholabals, Mams et Zoques) : une concentration de maisons autour d'un centre politico-religieux, une place assez vaste pour accueillir les nombreux marchés, fêtes et processions, bordée de l'église et de la mairie. Un peu à l'écart, le « quartier » résidentiel où vivent les hommes chargés de fonctions officielles et parfois des métis. La plupart des maisons n'ont qu'une seule pièce divisée en deux aires de vie : la cuisine et la chambre commune à toute la famille.

PALENQUE

C'est au XVIIIe siècle que les explorateurs John L. Stephens et Frederick Catherwood la découvrirent, complètement ensevelie sous son linceul végétal.
Il émane de cette cité maya une aura de mystère et de magie qu'exalte un peu plus la jungle qui l'enserre dans ses griffes émeraude. L'histoire de Palenque apporte aussi son lot de mystères quant à son rôle dans le monde maya et les motifs de son soudain abandon au IXe siècle. Ce que les archéologues savent, c'est que Palenque existait déjà en 300 avant J.-C. et qu'elle subit de fortes influences olmèques. Important centre politico-religieux, la cité atteignit son zénith vers l'an 600 de l'ère chrétienne avec l'apparition de la fausse voûte, de l'écriture hiéroglyphique et du calendrier. Les raisons de son déclin restent inconnues mais les fouilles s'y poursuivent, près de 500 édifices étant encore engloutis sous une inextricable végétation.
Malgré l'atmosphère tropicale, chaude et humide qui plombe et oppresse, c'est un vrai bonheur que de se promener ici, de crapahuter dans la jungle où s'ébattent des singes chapardeurs et de gravir les collines coiffées de temples qui autrefois arboraient des peintures rouge vif. Le plus couru est le superbe temple des Inscriptions, édifié vers 675 sous le règne du roi Pakal toujours symbolisé sur les bas-reliefs par un bouclier-soleil. Ses piliers sont sculptés de motifs et de hiéroglyphes relatant la chronique des seigneurs de Palenque : Pakal, ses fils Chan-Balum et Kan-xul et leur mère Apo-hel. La vue du sommet permet d'embrasser l'ensemble du site et de remonter le cours du temps. La crypte du temple abrite le sarcophage de Pakal, en pierre sculptée. Une tombe exceptionnelle, la seule de Méso-Amérique jamais mise au jour, qui prouve que les temples servaient aussi de sépulture aux Mayas, comme en Égypte. À son ouverture, le sarcophage révéla le squelette de Pakal, son visage, ses doigts et son cou couverts d'un masque de jade et une pierre précieuse dans la bouche et les mains. Ce célèbre masque de jade fit hélas partie des trésors dérobés en 1985 au musée d'Anthropologie de Mexico qui n'en expose désormais qu'une copie.
Une autre découverte majeure concerne un aqueduc, le seul jamais construit par la civilisation maya, qui permettait d'acheminer l'eau de la rivière Otulum jusqu'au

Page de droite et double page suivante : Cette tour du Palacio, constituée de quatre étages sur 15 mètres de haut, fut restaurée en 1995. Selon les archéologues, elle aurait servi aux prêtres et seigneurs mayas de Palenque à l'observation astronomique. Son originalité réside dans le socle de forme carrée sur lequel elle repose, une figure géométrique assez peu utilisée par les anciens Mayas. Les ruines du Palacio visibles aujourd'hui datent de 650 à 770 de notre ère et ne constituent qu'une infime partie d'un plus vaste ensemble encore enseveli Au XVIIIe siècle, quand une mission espagnole arriva sur le site, elle crut avoir découvert la cité engloutie d'une civilisation disparue comme celle de l'Atlantide.

cœur de la cité *via* des canaux souterrains. Sur une vaste plate-forme se dresse le Palacio (le Palais) de Palenque pourvu d'une haute tour et d'un socle carré, des éléments architecturaux assez peu communs dans le monde maya. De l'autre côté du río Otulum, fin ruban bleu qui serpente dans la forêt, se découvre le groupe de la Croix, un superbe ensemble d'édifices dédiés au roi Chan-Balum, fils aîné de Pakal. Surnommé le roi « serpent-jaguar », il est représenté sur les bas-reliefs avec douze orteils comme sur la pyramide à degrés du temple du Soleil. Dans le temple de la Croix érigé en 692, et où serait enterré Chan-Balum, de belles fresques encore visibles montrent le roi à côté d'un personnage à l'expression goguenarde et fumant un cigare, le dieu de l'enfer. Les bas-reliefs du Templo de la Cruz Foliada – temple de la Croix Feuillue – montrent un arbre surgissant de la tête du dieu du soleil sur laquelle repose un oiseau-soleil. Une jolie métaphore pour décrire la passation des pouvoirs entre Pakal et Chan-Balum. Le musée de Palenque apporte des explications précieuses et passionnantes à la visite de la cité maya. Y sont par ailleurs exposées de magnifiques antiquités retrouvées lors des fouilles : bijoux en jade et obsidienne, fines céramiques et encensoirs dans lesquels les Mayas brûlaient du copal et du sang pour quelque cérémonie de purification.
Prélude féerique sur la route de Palenque, des pierres précieuses serties dans la gangue aux camaïeux de verts de la jungle du Chiapas : les écumantes cascades d'Agua Azul jaillissent en une constellation de perles liquides et déroulent dans des vasques empierrées leurs eaux cristallines. Lumineux collier de piscines aigue-marine, turquoise et saphir dans lesquelles se baignent les voyageurs émerveillés qui n'en croient pas leurs yeux.

Les cascades naturelles d'Agua Azul sont bien tentantes. Leurs eaux fraîches et douces, couleur argent, virent au turquoise et à l'émeraude en avril et mai. La prudence s'impose dans ce qui ressemble à un petit paradis perdu dans la jungle mais qui peut s'avérer dangereux. De forts courants et des chutes de pierre peuvent survenir.

LE SUD

L'État d'Oaxaca reste fortement imprégné d'histoire et de culture précolombiennes. Entre l'isthme de Tehuantepec et le Pacifique, la région offre un relief chaotique de montagnes, vallées fertiles et étendues semi-désertiques. Son attrait réside dans ses sites archéologiques passionnants, ses villes coloniales et ses authentiques *pueblos* indiens.

OAXACA

Une vallée subtropicale zébrée par les hauts sommets de la Sierra Madre méridionale, tel est le berceau d'Oaxaca. Cette ville, parmi les plus rayonnantes du Mexique, respire la douceur de vivre et ses parfums espagnol et indien ensorcellent quiconque s'aventure dans ses murs. Si rien ne subsiste de son passé mixtèque, zapotèque et aztèque, nombreux sont les témoins de celle qui fit la grandeur de la Nouvelle-Espagne et que Charles Quint éleva au rang de ville royale en 1532. Pour se fondre dans son intimité, il faut suivre le courant qui conduit inexorablement vers le *zócalo* dominé par l'ancien palais du Gouvernement et la massive cathédrale de style baroque. Cette place ombragée, agrémentée de fontaines et d'un kiosque à musique, est bordée de gracieuses arcades aux petits cafés et restaurants souvent bondés. Un lieu tout désigné pour savourer quelques spécialités bien locales comme le *mole oaxaqueño* ou *mole negro*, un poulet nappé de sauce noire à base de piments, de bananes, de chocolat et de cannelle.

Pris dans cette atmosphère festive, il faut s'engager dans la Calle Alcalá, une des plus jolies rues piétonnes d'Oaxaca. On y visite l'élégante demeure coloniale Casa de Cortés devenue le musée d'Art contemporain où sont exposés de talentueux artistes locaux tels que Francisco Toledo et le célèbre peintre mexicain Rufino Tamayo, d'origine zapotèque et natif d'Oaxaca. C'est au bout de cette rue pavée que le promeneur découvrira le joyau de la ville, l'église Santo Domingo et son grand parvis piqueté de cactées. La façade baroque finement ornée de cet ancien monastère dominicain fondé entre 1570 et 1608 donne envie d'en franchir le lourd portail. L'intérieur est stupéfiant. Murs et plafonds sont recouverts de dorures et de sculptures polychromes et l'autel est une parfaite illustration du rococo mexicain avec sa profusion de décorations. Une des ailes de l'église abrite le musée régional d'Oaxaca, riche d'objets en céramique, or, jade et turquoise retrouvés dans la cité préhispanique de Monte Albán.

Les quartiers populaires d'Oaxaca s'étirent au sud du *zócalo*. Les édifices y sont moins bien restaurés et la population plus indienne, mosaïque d'ethnies zapotèque, mixtèque, chinantèque et mazatèque. Au-delà de la Calle Las Casas, il faut s'immerger dans le Mercado 20 de Noviembre, le grand marché couvert municipal.

Page de droite :
Santo Domingo est un vrai bijou. L'épaisseur de ses murs (2 mètres) lui permit de résister aux nombreux séismes, si bien que l'on admire aujourd'hui l'œuvre quasi originale. Sa façade baroque notamment dont une statue représente le moine Santo Domingo de Guzmán, fondateur au XIIIe siècle de l'ordre des Dominicains, lesquels vinrent les premiers évangéliser les Zapotèques et Mixtèques d'Oaxaca. Les colons espagnols créèrent ici une des plus belles villes de Nouvelle-Espagne dont Hernán Cortés porta le titre de marquis de la Vallée d'Oaxaca.

Double page suivante :
Dans cette ville « anoblie » par le très catholique Charles Quint, la présence d'édifices religieux est impressionnante. L'horizon parfois ressemble à une houle de coupoles et chaque dimanche, la mélodie des nombreux carillons tinte au-dessus des placettes et des ruelles.

L'ambiance y est extraordinaire, colorée et parfumée de mille senteurs d'épices et de produits divers. Tout s'achète ici : aliments, artisanat, ustensiles, tissus. On peut aussi y boire les fameux chocolats d'Oaxaca ou du *mezcal* tiré directement des tonneaux mais surtout, goûter aux *chapulines*, des *tacos* de guacamole et de criquets grillés. Cela passe très bien avec un filet de jus de citron !
Pour jouir d'une vue d'aigle sur Oaxaca, il suffit de grimper au sommet du Cerro del Fortín, une colline arborée qui s'élève à 100 mètres au-dessus de la ville. Elle accueille chaque mois de juillet les Guelaguetzas, la plus grande fiesta *oaxaqueña* de danses et de musiques folkloriques.

Ci-dessus, à gauche :
L'opulence de Santo Domingo n'efface pas pour autant la beauté de la basilique Nuestra Señora de la Soledad du XVIIe siècle, dédiée à la patronne d'Oaxaca. Mais une église chère au cœur des Oaxaqueños est San Juan de Dios, la plus ancienne de la ville, bâtie en 1526. Ses murs sont ornés de motifs et dessins d'artistes indiens qui illustrent les grands moments de la Conquête.

Ci-dessus (au centre et à droite)
et double page suivante :
Les rues d'Oaxaca forment un magnifique tableau vivant, tant sont pimpantes les maisons coloniales. Elles rivalisent de couleurs lumineuses et étalent fièrement leurs façades festonnées de fer forgé à la mode andalouse. Les marchands ambulants sillonnent les ruelles piétonnes, vendant glaces, « chickles » *(chewing-gums), oiseaux et billets de loterie. Oaxaca est une des plus belles étapes d'un séjour au Mexique.*

MONTE ALBÁN ET MITLA

La route godille jusqu'à Monte Albán, perché au-dessus d'une vallée aride piquée de cactus. Ce site archéologique fut, à partir du VIIe siècle avant J.-C., un important centre cérémoniel pour divers groupes ethniques, zapotèques et mixtèques notamment.

Bâtie autour d'une vaste esplanade, jadis recouverte de stucs multicolores, cette cité religieuse abrite de nombreux tunnels dérobés formant un réseau souterrain entre les diverses pyramides. Le coucher du soleil permet d'admirer la blondeur des pierres ciselées de lumière. Un monumental escalier accède au sommet de la plate-forme méridionale d'où la vue panoramique est particulièrement superbe. Se dévoile ainsi l'aire de jeu de pelote en forme de « I » mais sans l'anneau de pierre si caractéristique des sites mayas.

Une balade dans ces lieux assoupis dans un repos éternel offre de merveilleuses surprises, surtout des stèles parfaitement conservées. Ces chevalets de pierre, tels d'antiques écus, arborent tout un panthéon de dieux, gravé sous forme de glyphes encore teintés de mystères. Ainsi le jaguar sacré muni d'une lance, qui personnifie Cojico, dieu de la pluie. Ou Pitao Cozobi, le dieu zapotèque du maïs reconnaissable à sa coiffe de serpent à plumes. Et Xipe Tótec, le dieu du renouveau qui apparaît sous les traits d'un vieillard richement paré.

Mais le joyau du site se découvre un peu plus loin, au Palacio de los Danzantes ou palais des Danseurs. Son surnom tient aux superbes bas-reliefs qui ornent l'édifice, où l'œil distingue des personnages aux positions grotesques. Pantins désarticulés, ces « danseurs » ivres aux profils olmèques seraient en fait des esclaves exprimant une indicible souffrance...

À une quarantaine de kilomètres d'Oaxaca, les Indiens du village de Mitla suivent jour après jour le ballet des touristes. Pourtant ici, point de pyramide. Rien de spectaculaire... *a priori* ! Car en fait, le site zapotèque dont le nom se traduit par « lieu où reposent les morts » en nahuatl, abrite des fresques et ornementations tout à fait uniques dans l'histoire du continent américain. Comme un défi aux colonisateurs du Nouveau Monde, à quelques pas de l'église de San Pablo coiffée d'un dôme rouge, se dressent les murs millénaires du centre cérémoniel. À tra-

Page de droite et page suivante : Ces arabesques de pierre aux motifs géométriques pourraient figurer sur quelque temple grec. Or, c'est bien au Mexique qu'elles furent découvertes, dans le Patio de Mosaicos de Mitla, le bien surnommé patio des Grecques. Avant la Conquête, Mitla était un centre cérémoniel zapotèque, dominé par des prêtres qui, selon des écrits de moines espagnols, arrachaient le cœur des victimes offertes en sacrifice. Près de l'église San Pablo qui fait face au site archéologique, les Indiens vendent des tuniques traditionnelles et les fameuses poteries noires de San Bartolo Coyotepec, mais que l'on trouve dans toute la région.

vers un dédale de corridors et de courettes, le visiteur découvre la salle des Colonnes puis le magnifique Patio de Mosaicos aussi appelé patio des Grecques. Chaque millimètre des pierres qui ornent ses murs est découpé, sculpté, dentelé. Quatorze motifs géométriques y créent d'étranges effets optiques exaltés par le télescopage des ombres et de la lumière. Ces figures taillées dans la pierre – croix, tresses, frises en zigzag et frises grecques – symboliseraient le ciel, la terre, le serpent à plumes. Toutefois, à ce jour, personne ne parvient à expliquer la présence de telles mosaïques, ces éléments artistiques n'ayant rien à voir avec les styles inhérents aux Zapotèques et aux Mixtèques. Un mystère de plus qui frémit sur le sol mexicain.

Sur l'aire de jeu de pelote de Monte Albán, aucun anneau de pierre n'a été retrouvé. Cette ancienne cité fut édifiée sur cinq périodes, entre 600 avant J.-C. (influence olmèque) et 1200 après J.-C., époque de son déclin. À son apogée (autour de 800 de notre ère), elle accueillit jusqu'à 30 000 habitants. Ses nouvelles constructions étaient marquées par une forte empreinte mixtèque qui apposa également son sceau sur les céramiques désormais plus sophistiquées. Autre influence, celle de Teotihuacán que l'on perçoit sur des édifices de style talud-tablero. *À l'arrivée des Espagnols, la cité presque abandonnée n'était plus qu'un centre funéraire mixtèque.*

TLACOLULA

Dans les environs d'Oaxaca et des cités précolombiennes de Mitla, Yagul et Lambityeco engourdies dans une impassible sérénité, la petite ville zapotèque de Tlacolula résonne des pétarades de vieilles motocyclettes. Défilant dans une chorégraphie étourdissante, les antiques machines soulèvent une poussière blanchâtre qui saupoudre, en retombant, les façades aux couleurs hardies. Plus tranquilles, les triporteurs mués en taxis baladent des familles indiennes souvent trop nombreuses pour maintenir l'équilibre de ces frêles équipages. Les vendeurs de glaces agrippés à leur carriole et les petits cireurs de chaussures munis de leurs rustiques boîtes en bois s'activent dès le matin autour de l'église paroissiale. Bâtie vers 1547 par des moines dominicains, elle fait la fierté des habitants qui connaissent chaque détail de sa coupole en pierres roses et de sa façade baroque criblée de niches, de piliers et d'arcs en plein cintre. Beaucoup d'Indiens s'improvisent guide pour montrer aux voyageurs inspirés les trésors de la chapelle du Christ : ouvrages en fer forgé, lustres en argent, miroirs sertis d'or, et de-ci de-là, d'insolites éléments indiens.
C'est un dimanche qu'il faut impérativement découvrir Tlacolula. Jour de marché, jour de fête. S'y déroule en effet un des plus grands marchés indiens du Sud et certainement l'un des plus pittoresques du Mexique. Une explosion de couleurs et de senteurs et une débauche d'articles artisanaux dont les plus réputés sont les céramiques indigènes vertes et noires typiques de la vallée d'Oaxaca, les *sarapes* (petits ponchos carrés), les tapis et couvertures en laine carminée tissés à Teotitlán del Valle. Une journée qui voit les villages zapotèques alentour désertés alors que tout le monde converge vers Tlacolula. Même les cars de touristes. L'occasion pour beaucoup de goûter au *mezcal* qui coule à flots dans les buvettes. Cet alcool de maguey (cœur de l'agave), fabriqué depuis l'aube des temps dans la région, aurait été la boisson favorite de la déesse aztèque Mayahuel. L'Oaxaca est avec le Chiapas l'État le plus « indien » du Mexique, comme en attestent les groupes ethniques que l'on peut croiser en ce dimanche. Si la plupart des paysans abandonnent peu à peu leurs us et s'habillent à l'occidentale, certaines communautés restent attachées à leur héritage culturel et le partagent sans façon lors de danses symboliques ou de cérémonies patinées de syncrétisme religieux.

Page de droite et double page suivante : Sobre à l'extérieur, la chapelle du Saint-Christ (Capilla del Santo Cristo), du XVIe siècle, étincelle de l'intérieur sous la profusion d'ornements en argent et feuille d'or, à l'image de la riche décoration de Santo Domingo à Oaxaca. L'église de Tlacolula renferme également des objets d'inspiration indienne, comme une série de martyrs un peu baroques, représentés portant leur tête sous le bras… Même évangélisés, les Indiens ont résisté à certaines croyances et refusé d'intégrer totalement les figures du catholicisme. D'où ces images détournées des saints ou parfois, la présence d'un Christ en croix fabriqué en feuilles de maïs, syncrétisme de leur propre dieu du maïs et du soleil.

LES *VOLADORES*

La danse des *voladores* représentait l'une des cérémonies cosmiques les plus abouties de l'ère préhispanique. Si la signification exacte de sa symbolique s'est perdue, elle demeure un spectacle étonnant au paganisme édulcoré. Exécutée par des hommes-oiseaux, elle serait associée à la divinité de la végétation Xipe Tótec, dieu du printemps. Du temps des Aztèques, cette fête d'équinoxe marquait le début du calendrier astronomique. Le mât ou *palo volador* symbolisait les trois règnes du monde : la racine pour l'inframonde, le tronc pour le monde terrestre et la cime pour le ciel. Quatre à six danseurs forment une ronde autour du pilier dans le sens inverse des aiguilles d'une montre, au rythme de la flûte et du tambourin. Une fois au sommet, ils plongent dans les airs et redescendent lentement dans un large cercle. Aux poussins, tabac et eaux-de-vie jadis offerts en offrande se sont substitués les pièces, billets et photographies déposés par les touristes impressionnés.

LE CENTRE-OUEST

Vallées fluviales, montagnes déchiquetées et forêts denses s'étirent jusqu'aux rivages du Pacifique. Une région riche et envoûtante qui abrite le Jalisco, Colima et le Michoacán, terre ancestrale des Indiens Purépechas aux traditions séculaires. Ici, les villes coloniales côtoient des villages indiens réputés pour leur artisanat.

GUADALAJARA

Les Tapatíos adorent leur ville, berceau des traditions et symboles que l'on associe spontanément au Mexique : les mariachis, la tequila, les sombreros, les danses folkloriques et les *charreadas* ou rodéos mexicains. Guadalajara, dont l'histoire se confond avec celle du Jalisco et du Mexique révolutionnaire, s'enorgueillit de nombreux musées, théâtres et galeries d'art et d'une modernité qui lui vaut le surnom de « Silicon Valley mexicaine ». Située au-dessus de la vallée d'Atemajac et jouissant d'un climat subtropical aux hivers néanmoins rigoureux, elle offre un visage des plus accueillants avec ses larges avenues arborées, ses squares animés et ses quartiers chic ou effervescents.

La deuxième plus grande ville du Mexique ne figure pas souvent sur les circuits touristiques alors qu'elle dispose de nombreux sites intéressants et de *barrios* (quartiers) pittoresques. Elle constitue en outre un judicieux point de départ pour parcourir le magnifique Michoacán limitrophe.

Les jolies places qui forment le centre-ville sont bordées d'édifices que l'on ne saurait ignorer. Le palais du Gouvernement des XVIIe et XVIIIe siècles abrite de splendides fresques de José Clemente Orozco qui relatent la guerre d'Indépendance. La cathédrale, sise sur une place piquée de lauriers, présente diverses architectures, notamment churrigueresque, baroque et néoclassique, ainsi qu'une nef richement décorée d'autels et de tableaux anciens. Un des plus beaux édifices cependant de Guadalajara, classé au patrimoine mondial de l'humanité, est l'hospice Cabañas, érigé au XIXe siècle par Manuel Tolsá. Indifféremment orphelinat, asile, prison ou caserne militaire, cet énorme bâtiment fut le témoin, en 1811 de la signature par Miguel Hidalgo de la proclamation de l'abolition de l'esclavage. Dans l'ancienne chapelle ceinte de 23 patios, se dévoilent quelques-unes des plus belles fresques d'Orozco, peintes entre 1936 et 1939. Elles illustrent les quatre éléments, la science, la conquête espagnole et les chevaliers de l'Apocalypse.

Pour régler ses pas sur ceux des Tapatíos, surtout à l'heure du déjeuner, rien ne vaut un détour par le Mercado Libertad ou San Juan de Dios. Un grand bazar où artisanat, outils, fruits, vêtements s'empilent sur trois étages dans une apothéose de couleurs et de bruits. Pour qui a l'estomac solide et ne recule devant aucune

Sur l'esplanade Plaza de Armas, le palais du Gouvernement attire le regard tant il offre de riches ornements en façade. Mais c'est surtout l'intérieur qui séduit avec les peintures du muraliste José Clemente Orozco (1883-1949), natif du Jalisco dont Guadalajara est la capitale fédérale. Une ville vraiment plaisante, très arborée et toute quadrillée comme les cités américaines. Toutefois, en bonne mexicaine, elle offre des quartiers pittoresques comme celui de la bien nommée Plazuela de los Mariachis. Là, une dizaine d'orchestres de mariachis coiffés de sombreros et arborant leurs fameux costumes cloutés s'égosillent en donnant la sérénade.

nouvelle expérience culinaire, prendre un repas dans une de ses nombreuses gargotes s'impose. De plus, l'ambiance y est totalement folle mais très bon enfant. Certains quartiers autour de Guadalajara sont absolument incontournables pour profiter de la qualité de leurs marchés d'artisanat : Tonalá et Tlaquepaque par exemple, d'anciens villages de potiers. Chacun abrite un musée de la céramique et accueille des marchés aux multiples échoppes d'artisanat dont les objets, sans être les plus coûteux, comptent parmi les plus beaux du Mexique.

Les sculptures et colonnes torsadées qui flanquent le portail du palais du Gouvernement donnent un peu de fantaisie à un édifice autrement plus austère. Un arrêt incontournable pour les balades en calèche. Certains équipages proposent des tours romantiques avec mariachis pour une aubade en privé… une version revisitée des gondoles vénitiennes.

Les vitraux de la cathédrale illuminent sa nef aux styles architecturaux un peu mélangés. Les séismes ayant eu raison de l'édifice, il fut plusieurs fois remanié avec du gothique naïf, du churrigueresque et du néoclassique. Une de ses icônes est la peinture L'Ascension de la Vierge *réalisée en 1650 par l'artiste espagnol Bartolomé Murillo.*

Page de gauche :
La coupole qui surmonte la cathédrale enjolive d'une rare touche colorée cet édifice aux deux clochers effilés. Les jeudis et dimanches soir, elle veille sur la magnifique esplanade qui accueille les ballets folkloriques du Jalisco.

Ci-dessus :
Les arcades du palais de justice donnent à son architecture coloniale un rythme plus allégé. Construit en 1588, cet édifice fut une annexe du couvent de Santa María, le premier de Guadalajara.

Double page suivante :
L'incontournable marché San Juan de Dios où l'explosion des couleurs se conjugue avec celle des rires. Un des lieux les plus sympathiques de la ville.

$4.00 Kilo
$6.00 Kilo
$2.00 Kilo
$7.00 Kilo

$300
2.00
5.00
7.00

LA TEQUILA

Quand Hernán Cortés rencontra les Aztèques en 1519, il découvrit l'*aguamiel*, une boisson sacrée et cérémonielle offerte aux futurs sacrifiés. Ce jus fermenté d'agave, souvent présent sur de vieilles fresques murales retrouvées à Teotihuacán, n'est autre que l'ancêtre de la tequila, la boisson mexicaine par excellence. C'est à partir de l'agave bleu, plante grasse très répandue dans le Jalisco et le Michoacán, qu'est fabriqué cet alcool liquoreux. Des sols volcaniques aux cocktails de margarita, un patient travail accompagne chaque étape de la transformation des grosses pignes blanches dans les distilleries qui tournent à plein régime tant est forte la demande internationale. Le secret d'une bonne tequila et de sa couleur pouvant tirer sur l'ambre, réside dans le choix des bois utilisés pour les fûts. Ainsi, le meilleur millésime, Tequila añejo, vieillit en fût de chêne clair pendant plus d'un an. Il est intéressant de visiter les haciendas du village de Tequila dans les environs de Guadalajara.

PÁTZCUARO ET JANITZIO

Des ruelles pavées se courbent doucement sur les collines où s'égrènent des maisons blanches festonnées d'arcades et de tuilettes rouges. Dans son écrin de volcans violacés et de pinèdes vert malachite, Pátzcuaro se dessine comme une ravissante petite ville indienne du XVIe siècle. Alors que le soleil dissipe la nuit glaciale qui fige cette montagnarde, le *zócalo* Vasco de Quiroga dévoile son quadrilatère planté d'arbres centenaires. Cette splendide place, « une des plus belles du pays » clament fièrement ses habitants, matérialise le cœur de Pátzcuaro. Flanquée d'édifices coloniaux comme la belle Casa del Gigante, elle attire chaque jour le cortège joyeux et coloré des vendeurs ambulants, des familles en goguette et des Indiens venus écouler leur artisanat. C'est à pied que cette ville pittoresque se savoure et laisse échapper de ses recoins là une église du XVIe siècle, ailleurs un patio fleuri ou un ancien palais. Dans une adorable ruelle, bien plus courte que ne le laisse imaginer son nom – Calle de la Madrigal de las Altas Torres ! – se trouve la Casa de los Once Patios (la Maison des Onze Patios), qui procure une des haltes les plus agréables de cette flânerie hors du temps. Couvent dominicain au XVIIIe siècle, cette vénérable demeure abrite aujourd'hui la Maison des Arts populaires où l'on peut admirer le savoir-faire des artisans du Michoacán, réputés pour leur travail du cuivre martelé, la fabrication des guitares et de fines céramiques. Une tradition artisanale bien vivace qui débuta au milieu du XVIe siècle dans un bain de sang orchestré par le conquérant Nuño de Guzmán. Sa cruauté à l'égard des Indiens Purépechas incita la couronne d'Espagne à mandater sur place Vasco de Quiroga, juge et homme d'Église pour rétablir un semblant de justice. Vénéré des Indiens, ce dernier instaura un système de coopératives villageoises, encourageant les populations à développer leur art populaire qui, heureusement, a survécu et continue de se transmettre.

Des bruits et des rires retentissent du côté de la grande place Gertrudis Bocanegra. Le marché quotidien vient de s'installer. Les étals bringuebalants croulent sous le poids des fruits et légumes, des objets artisanaux en osier et bois et sous la multitude de bocaux d'herbes médicinales et aromatiques. Le soir, les produits disparaissent au profit des barbecues, des marmites fumantes et des cageots de

La pêche au filet à papillons (uiripu) *se meurt... mais reste gravée sur les billets de 50 pesos, comme un hommage posthume à une pratique ancestrale qui rythma la vie des Indiens installés autour du lac de Pátzcuaro. La ville fut la capitale des Purépechas (Tarasques) jusqu'en 1400, puis fut assaillie par les Espagnols en 1522 sous le joug de l'infâme Nuño de Guzmán. Les derniers Indiens durent leur survie à la bonté de Vasco de Quiroga. C'est ainsi qu'aujourd'hui, mille lieux du Michoacán portent le nom de celui que les Indiens appellent avec vénération « Tata Vascu ».*

bière. Ce restaurant improvisé, en fait le meilleur endroit pour goûter les spécialités et se mêler aux habitants, est prêt à accueillir les gourmands.
Le lac de Pátzcuaro forge l'âme du Michoacán et impose son souffle aux villages indiens disséminés alentour, à commencer par l'île de Janitzio où vivent les derniers pêcheurs au filet à papillons.
L'île frappe par l'entortillement de ses maisons accrochées sur les pentes abruptes. Échoppes, petits restaurants et vendeurs ambulants se succèdent jusqu'au sommet où trône une imposante statue de Morelos, héros de la révolution mexicaine. Tout au long des berges poissonneuses du lac se découvre un chapelet de hameaux tournés vers l'artisanat. À Tzintzuntzan, où l'on peut visiter un superbe monastère franciscain ceint d'oliviers séculaires, les femmes purépechas façonnent de délicates céramiques de couleur crème et noire. À Santa Clara del Cobre, boutiques et petits ateliers bourdonnent du martelage du cuivre, une activité tellement réputée que les villageois exportent leur travail jusqu'aux États-Unis.

Page de gauche, ci-dessus et double page suivante : Les fritures de poisson blanc du lac se grignotent partout et à toute heure. De même que les savoureux tamales, *des galettes de semoule de maïs farcies de viande ou sucrées enroulées dans les feuilles de maïs. Si la pollution gagne l'île de Janitzio, d'autres rivages du lac offrent des eaux claires d'un vert céladon. Une balade en bateau permet d'admirer un des plus beaux lacs du Mexique qui égrène d'adorables villages lacustres où les Indiennes créent de superbes poteries et autres objets artisanaux.*

ACAPULCO

Malgré un fronton de buildings qui heurte le regard, la plus ancienne station balnéaire du Mexique reste un mythe. Sa baie extraordinaire forme un long croissant de lune où les eaux turquoise de l'océan Pacifique viennent lécher le sable d'un blanc nacré. En toile de fond, le décor s'agrémente de pimpantes collines verdoyantes au pied desquelles s'étalent des cocoteraies ébouriffées et de paisibles lagunes opalines. Pour saisir la plus belle vue panoramique sur cette baie légendaire, il faut grimper jusqu'à la Capilla de la Paz, une petite chapelle lumineuse de jour, scintillante la nuit, surmontée d'une grande croix blanche. Les voyageurs utiliseront cette dernière comme amer et grâce à elle se repéreront dans la forêt urbaine. Acapulco naquit aux yeux du monde européen en 1521, avec la découverte de sa baie par le conquistador Gil Gonzales Avilla. Très peu de vestiges de son passé ont survécu aux ravages des séismes, ouragans et guerres. Le seul conservé est le Fuerte de San Diego, une forteresse fondée en 1616 par les Espagnols pour protéger le port et les galions contre les attaques de pirates anglais et hollandais. À cette époque des grandes conquêtes maritimes et des batailles navales pour le contrôle des routes commerciales, ce superbe port naturel était âprement convoité pour sa situation stratégique sur le Pacifique. Les Espagnols faisaient transiter par ses quais toutes les cargaisons d'or, de porcelaine, d'épices et de soie en provenance d'Amérique du Sud et d'Extrême-Orient. San Diego abrite maintenant un musée d'histoire de la piraterie au temps des colonies. Mais le clou de tout séjour dans cette célèbre station reste le spectacle des *clavadistas*, les plongeurs de la mort. Impressionnant ! Ces jeunes Mexicains athlétiques réalisent des sauts de l'ange depuis La Quebrada, une falaise haute de 45 mètres, frôlant les parois avant d'amerrir entre des récifs menaçants.
Depuis Acapulco, les voyageurs saturés de baignades peuvent entreprendre de belles excursions dans la Sierra Madre méridionale ou découvrir d'autres recoins moins bondés dans les petits ports de pêche qui se succèdent tout le long de la côte pacifique, comme Barra de Navidad, Chamela ou Melaque en remontant vers le nord jusqu'à Puerto Vallarta ; ou Puerto Escondido et Puerto Ángel en descendant vers la frontière du Guatemala.

Depuis 1934, les plongeurs de la mort s'élancent avec grâce et agilité de La Quebrada, une falaise déchiquetée et vertigineuse qui surplombe l'océan à deux pas du vieil Acapulco. Tout le secret de ces sauts réside dans l'appréciation de la houle, afin d'amerrir au moment précis où une nouvelle vague gonflera le niveau de la mer.

Ci-dessus :
Il faut se lever tôt pour assister au retrait des filets de pêche. Car ensuite, la mer s'agite sous la noria des jet-skis, hors-bord et parachutes ascensionnels qu'affectionnent les touristes.

Ci-contre :
Sur le zócalo du vieux quartier d'Acapulco, cernée de palmiers et de bougainvillées, se dresse une église bâtie dans les années 1930. Ses styles mauresque et byzantin, tout à fait étranges dans cet environnement, ne manquent pourtant pas de cachet.

Ci-dessus :
Cette petite chapelle dressée par les clavadistas *(les plongeurs de la mort) sur La Quebrada sert de lieu de recueillement. Avant chaque saut, les jeunes gens y prient et déposent des offrandes pour conjurer le mauvais sort. Un petit ex-voto qui rappelle également que cette attraction touristique n'est pas sans danger et que des jeunes athlètes y ont laissé la vie... pour une poignée de dollars.*

Double page suivante :
La plage de Pie de la Cuesta, à une dizaine de kilomètres du centre d'Acapulco, reste une des plus sauvages, blottie entre l'océan et les lagunes de Coyuca. Toutefois, mieux vaut y aller pour faire du cheval car les rouleaux, puissants, s'avèrent dangereux.

ZIHUATANEJO ET IXTAPA

Il y a 20 ans, Zihuatanejo était un pittoresque port de pêche et Ixtapa une immense cocoteraie. De grands complexes touristiques et des golfs ont depuis investi ces petites villes de la côte pacifique méridionale. Néanmoins, l'ensemble ne manque pas d'un certain charme grâce aux criques, collines verdoyantes et plantations de bananiers et de caféiers qui estompent l'intrusion du béton dans ce qui fut un éden. Maintes plages de sable fin ourlent une ravissante baie protégée, réputée pour ses magnifiques couchers de soleil sur l'océan indigo.

Zihuatanejo exhale encore une identité bien mexicaine et son petit port rythme toujours la vie de ses habitants. Dès les premières lueurs de l'aube, l'endroit s'égaye avec le va-et-vient des longues barques alourdies par les prises de la nuit, des merlins, des raies et des espadons quand la chance sourit aux *pescadores*. Durant la journée, ces mêmes pêcheurs burinés de sel et de soleil troquent filets et hameçons contre masques et palmes pour emmener les touristes éblouis vers quelque récif corallien, sanctuaire pour les dauphins et les poissons multicolores.

Le traditionnel marché qui se tient tous les matins sur le front de mer est un des rendez-vous que nul ne saurait manquer lors d'une incursion à Zihuatanejo. Hommes, femmes et enfants s'y précipitent avec une indéfectible ferveur. Un événement qui fournit aux villageois de l'arrière-pays un bon prétexte pour recueillir les derniers potins sur la vie locale mais également pour papoter sur les *gringos* en vacances, un thème inépuisable.

Puis, quand le bleu azur du ciel commence à se teinter de bleu profond et que pétillent des millions d'étoiles, le village semble se perdre dans ses rêves. Il se souvient d'une autre époque. Celle où il connut l'effervescence due à son rang de grand port de commerce. C'était pendant la conquête espagnole. En feuilletant l'album de sa mémoire, il remonte encore plus loin dans son passé. Et se rappelle que Zihuatanejo, « La Femme noire » en langue nahuatl, était, bien avant d'exister sur les cartes maritimes européennes, le lieu de villégiature favori de certains rois purépechas. Tangáxoan Caltzontzín, le dernier de la dynastie, y aurait chaque hiver de son règne, foulé le sable blanc. C'était avant que les hommes casqués et armés débarquent de leurs galions et rebaptisent son peuple « Tarasque ».

Alors que le village de pêcheurs de Zihuatanejo s'étiolait doucement et que ses habitants désœuvrés devaient s'exiler vers les villes, le développement du tourisme local a relancé l'emploi. Cela a permis aux familles de revenir et aux jeunes de rester dans cette ravissante région, moins encombrée qu'Acapulco ; ce n'est plus le cas d'Ixtapa, une station balnéaire voisine, dont la vocation première est d'être la Cancún du Pacifique...

Ci-dessus et page de droite :
Tout le charme de Zihuatanejo se concentre autour de son petit port de pêche frangé d'une baie enchanteresse. Sur les plages de La Ropa et de Las Gatas, des paillotes servent les poissons du jour que l'on peut sélectionner directement sur les étals.

Quant à leur préparation, attention ! Les sauces sont redoutables ici, car on aime particulièrement les petits piments forts... et les cuisinières se réjouissent de la mine décomposée des gringos *audacieux.*

Double page suivante :
Le marché quotidien s'installe tous les matins sur la plage ombragée de palmiers, ultimes témoins de l'ancienne cocoteraie qui nappait ce littoral. Certains pêcheurs acceptent des passagers à bord de leurs jolies barques bariolées, pour une initiation à la pêche ou une promenade sur des criques dérobées inaccessibles à pied.

GRUPO DE R.S. Y M. BAHIA

ANGELES
GRUPO DE R.S.M. BAHIA DE ZIHUATANEJO
GRUPO DE R.S.M. BAHIA DE ZIHUATANEJO GRO.

Ci-dessus :
Les Mexicains ont le coup de main pour décortiquer les savoureux fruits tropicaux. Cette petite fille sillonne la plage avec des mangues et de papayes bien tentantes.

Ci-contre :
Les petits objets de décoration en papier mâché ou en laque colorée se vendent partout. De jolis trompe-l'œil dans une corbeille de fruits...

Page de droite :
Niches d'offrandes dans le Michoacán.

LE NORD-OUEST

Les paysages conjuguent montagnes enneigées, plaines fertiles et désert hérissé de cactus, avec en point d'orgue la sublime mer de Cortés. Dans cette région circule un des derniers trains de légende de la planète, qui sillonne l'époustouflant canyon du Cuivre ou Barranca del Cobre, au pays des Indiens Tarahumaras surnommés les « Pieds légers ».

CHIHUAHUA

L'État de Chihuahua, le plus vaste du Mexique, n'est séparé des États-Unis que par le Río Grande. Sa capitale éponyme, nichée dans une large vallée barrée par les montagnes de la Sierra Madre occidentale, est une ville de *rancheros*, la version mexicaine des cow-boys. Ils s'y baladent partout, harnachés de bottes à éperons, de chapeaux et de ceinturons à grosses boucles en argent. C'est aussi la ville d'adoption de Doroteo Arango alias Francisco « Pancho » Villa (1878-1923). Célèbre révolutionnaire et bandit de grand chemin, il s'installa à Chihuahua en 1913 avec la División del Norte, sa redoutable troupe de guérilleros hâbleurs et pilleurs mais que le peuple adorait. Ainsi qu'Hollywood qui en fit le héros de plusieurs productions. Du reste, lorsque l'on se rend à Chihuahua, la visite du musée historique de la Révolution, la Quinta Luz, sis dans la spacieuse demeure de Pancho Villa, est incontournable. On y découvre alors une riche collection de photographies et d'objets relatifs à ce personnage haut en couleur de l'histoire mexicaine.

Le centre-ville de Chihuahua s'avère attrayant et aligne un nombre incroyable de boutiques pour cow-boys. Des lassos aux bottes en cuir, des selles aux ceintures et chapeaux, on peut y acheter toute la panoplie du parfait *ranchero*. Autour de la cathédrale baroque consacrée à saint François d'Assise et du palais du Gouvernement, ancien collège jésuite du XIXᵉ siècle, se dressent quelques édifices de l'Art nouveau mexicain aux façades ouvragées et souvent colorées. Un de ses fleurons est le Quinta Gameros, construit vers 1907-1910 et qui abrite le musée des Arts et Traditions populaires. Une visite à ne pas manquer pour s'initier aux us et coutumes des Indiens Tarahumaras qui vivent dispersés dans la sierra environnante. Ces « Pieds légers » chers à l'écrivain Antonin Artaud qui leur consacra un livre, sont surtout connus pour leurs compétitions de course à pied, vrais défis d'endurance et d'habileté qui leur font traverser vallées et sierra derrière une balle en bois que se disputent deux équipes pendant plusieurs jours.

Mexique oblige, c'est bien sur la Plaza de Armas, le *zócalo* central, que palpite le cœur de Chihuahua où les familles musardent en fin de journée en quête de fraîcheur, parmi la petite foule des marchands ambulants. Le marché indien s'y installe toutes les semaines.

Si Chihuahua signifie en dialecte tarahumara « terre sèche et sableuse », la ville se révèle plus avenante avec ses façades coloniales enduites de peintures vives qui mettent en valeur les sculptures et frises des linteaux. Mais au-delà de ses murs, le désert rocailleux s'affronte avec des plaines infinies où les vaqueros, *les vachers, conduisent à cheval les troupeaux de bêtes à longues cornes d'une hacienda à l'autre. Le Chihuahua fut aussi une source de gisements d'argent puis un champ de batailles où les Espagnols ne parvinrent jamais vraiment à s'imposer face à la résistance des Tarahumaras et aux intrusions sauvages des Comanches du Texas.*

Ci-contre :

La « cuisine » chihuahuensa *se montre très inspirée par celle des États-Unis voisins... Hamburgers et « chiers chauds » s'y vendent comme des petits pains. Surtout les jours de* charreadas, *les décoiffants rodéos mexicains où plus d'un cavalier laisse son sombrero.*

Page de gauche et ci-dessus :
Les abords de la cathédrale, fréquentés pour leurs petits musées, attirent toujours les vendeurs ambulants. Les férus d'histoire trouveront là de quoi alimenter leur curiosité. Outre Pancho Villa, le charismatique révolutionnaire à la poitrine bardée de cartouchières en croix, ils pourront découvrir la vie de Miguel Hidalgo, chef des rebelles pendant la guerre d'Indépendance, qui fut emprisonné à Chihuahua. Et pour conclure ce chapitre historique, une visite s'imposera à la maison-musée du président Benito Juárez, d'origine indienne, qui se réfugia dans Chihuahua sous la pression des troupes françaises de l'empereur Maximilien.

BARRANCA DEL COBRE

Une ligne ferroviaire mythique relie Chihuahua à la bourgade de Los Mochis sur le golfe de Californie. Le train Chihuahua-Pacífico, affectueusement surnommé le « Chepe » parcourt fièrement depuis des décennies un des paysages les plus spectaculaires du continent américain. Trois fois par semaine, il s'ébranle dans la nuit froide qui enveloppe Chihuahua pour un voyage en plein cœur du territoire des Indiens Tarahumaras. Il traverse ainsi de grandes plaines ocre aux rochers âpres qui, très vite, s'estompent en de belles prairies d'herbes hautes, vastes paradis pour l'élevage du bétail. Des ranchs blancs et des cactus candélabres ajoutent à l'ambiance western qui prédomine.

À 2 000 mètres d'altitude, le Chepe fait une première halte à Cuauhtémoc, du nom du dernier empereur aztèque. Une cité agricole où vit une communauté mennonite venue du Canada dans les années 1920. Prenant encore de l'altitude, le train coloré, véritable fil d'Ariane pour les habitants isolés de la Sierra Madre, atteint Creel, bourgade léthargique qui s'éveille aux coups de sifflet du Chepe. Elle s'anime alors de cris et d'appels de femmes tarahumaras vêtues de robes et de châles aux couleurs vives, qui proposent paniers, tissus et *tamales* aux voyageurs éclectiques. Cette étape permet aussi d'approfondir la découverte de ce beau pays indien, des guides offrant leurs services en 4x4 et à cheval pour sillonner les forêts mouchetées de lacs, de cascades et de sources chaudes. Entre Creel et Divisadero, le Chepe pourfend le prodigieux canyon du Cuivre, la Barranca del Cobre, aussi impressionnant que le Grand Canyon américain. Une merveille géologique qui offre un spectacle éblouissant de roches pigmentées et de précipices plongeant vers une rivière encaissée. Orgueilleux, le Chepe semble faire fi de ce vide vertigineux et s'accroche au tracé tortueux flanqué d'imposantes falaises avant d'entreprendre sa descente vers la côte. Un panorama ultraminéral s'engouffre par les fenêtres, dans lequel le regard se noie. L'ampleur du site n'a d'égal que les travaux qui ont permis à l'homme d'apprivoiser la Sierra : 655 kilomètres de voie, 39 ponts, 86 tunnels et plusieurs dizaines d'années pour en venir à bout...

L'arrivée à Los Mochis est une fois de plus saluée par des acclamations et la harangue quasi rituelle des vendeurs attroupés. Un voyage au travers de la Sierra

Le parc national de la Barranca del Cobre est une merveille naturelle, trois fois plus grande que le Grand Canyon d'Arizona et qui consiste non pas en un mais 20 canyons ! Un impressionnant faisceau de griffures géologiques où les aigles, grands vaisseaux de l'éther, tourbillonnent au-dessus des montagnes bleutées. Cette région enregistre les températures les plus extrêmes du Mexique : jusqu'à 47 °C l'été et –15 °C l'hiver. En altitude, petits chênes et arbousiers à écorce rouge prédominent alors que cactus, bananiers et agrumes s'épanouissent au fond des canyons.

Madre se présente toujours comme une aventure dont la durée n'est jamais vraiment déterminée à l'avance... Le train, toujours capricieux, accumule les retards. Ou alors, une escale faisant assaut de séduction retient le voyageur pour quelques jours impromptus. Et au terminus, les atours de la mer de Cortés promettent d'autres merveilles, d'autres aventures en Basse-Californie.

Les femmes tarahumaras sont réputées pour leur savoir-faire artisanal, surtout le tressage des paniers, la sculpture d'objets en bois et la confection de poupées en bois et chiffons colorés. À Creel se visite la Casa de Artesanías, petit musée-boutique consacré à la culture et à l'artisanat de ce groupe ethnique, un des moins touchés par la civilisation moderne. Creel constitue aussi un excellent point de départ pour randonner dans la sierra Tarahumara.

Ci-dessus, page de droite et double page suivante : Ce n'est qu'en embarquant dans le « Chepe », le train du Pacifique, que les voyageurs captent toute la démesure du canyon du Cuivre et peuvent admirer à loisir la diversité des paysages qui s'étalent entre Chihuahua et Los Mochis. Une ligne ferroviaire incroyable qui grimpe à plus de 2 400 mètres d'altitude avant de redescendre vers la mer de Cortés. Pour les bourgs indiens perdus dans les montagnes, ce train représente l'unique lien avec l'extérieur. Aussi chaque arrêt se vit-il comme une fête. On s'échange des nouvelles de « là-bas » et on en profite pour faire du troc ou vendre aux touristes de l'artisanat ou quelques en-cas pour le voyage.

BASSE-CALIFORNIE

Une longue péninsule désertique de 1 500 kilomètres, comme suspendue entre l'océan Pacifique et la mer de Cortés, giflée d'un vent brûlant mêlé d'iode. La Basse-Californie déploie des paysages d'une beauté virginale où se confondent rocaille, sables blanc et rose puis cactus élancés. Chandeliers hérissés et cardons géants à fleurs safran ou pourpres apposent leur touche de verdure sur le désert de Baja, comme on appelle couramment la péninsule. Une région encore sauvage, propice aux robinsonnades et qui séduisit les adeptes de Jack Kerouac de la Beat Generation dans les années 1970. Un paradis également pour les amateurs de pêche au gros et de plongée sous-marine, les fonds de la mer de Cortés comptant parmi les plus riches du monde. Aujourd'hui, les touristes américains ont envahi le Sud, transformant le charmant village de pêcheurs de Cabo San Lucas en un vaste *resort* de luxe et une escale phare des paquebots de croisière. Saisissant contraste entre le profond silence du désert rocheux et le clinquant des hôtels, des centres commerciaux et des discothèques qui ne cessent de jaillir du néant. Il suffit toutefois de s'en éloigner pour découvrir de vrais trésors. Comme Loreto, bien connue des férus de pêche au gros. Le village abrite une ancienne mission espagnole d'où partaient les expéditions dans le Pacifique quand l'océan n'était encore que cette vaste étendue bleue aux limites incertaines. Ou encore Mulegé et San Ignacio, des petites oasis blotties entre un entrelacs de canyons effilés et un désert aride, où poussent orangers, dattiers et figuiers.

Et puis bien sûr, il y a La Paz, capitale de la Basse-Californie du Sud qui sortit de son isolement au XVIIe siècle avec la découverte d'huîtres perlières dans le golfe de Californie. L'industrie perlière disparut en 1930, replongeant La Paz dans un état de somnolence à peine ébranlé par son renouveau touristique. Son climat chaud et son littoral en font pourtant une destination à part. Sa « mexicanité » se ressent dans le rythme nonchalant de ses habitants, dans l'architecture de ses maisons peintes, ornées de fenêtres à jalousie. Tous les soirs, les familles se rendent sur le *malecón*, la promenade du front de mer, pour assister au coucher du soleil. Un rituel auquel personne ne songerait à se dérober ici ! Un des attraits de La Paz est sa situation sur la mer de Cortés, si bien décrite par John Steinbeck. Là se trouvent

« Baja » offre des paysages comme on n'en voit presque plus : sauvages et désertiques, plus peuplés de cactus, de coyotes et de cerfs royaux que d'humains. Cette longue presqu'île est sabrée du nord au sud par une chaîne de montagnes, la sierra de San Pedro Mártir, dont le point culminant dépasse les 3 000 mètres d'altitude. Depuis San Diego en Californie, descend une seule route goudronnée, la Carretera Transpeninsular. À éviter de nuit car les camions la considèrent comme un circuit de Formule 1. Ceux qui recherchent authenticité et solitude adoreront Todos Santos sur la côte pacifique. Les villages de Mulegé, San Javier et Loreto, côté mer de Cortés, enchanteront les amoureux de grands espaces et les adeptes de la sieste, toujours aussi sacrée par ici...

quelques-unes des plus belles plages du Mexique. Longs rubans de sable blanc ou petites criques enchanteresses, elles frangent une mer chaude qui décline sa palette du céladon à l'outremer en passant par le bleu saphir et le turquoise. Un berceau naturel pour les baleines grises et bleues qui chaque hiver descendent d'Alaska pour y donner naissance à leurs petits. Un paradis pour les sportifs qui peuvent pratiquer ici une kyrielle d'activités, du kayak de mer au VTT en passant par les randonnées et la plongée.

Plus sauvage encore se dessine le cœur géographique de la Basse-Californie. Des volcans, des baies naturelles et des îlets confidentiels. Une seule ville, Guerrero Negro, sans intérêt touristique mais néanmoins une des plus importantes au monde pour la production de sel. Et quelques rares *pueblos* épars dont Todos Santos. Un village de pêcheurs solitaires et de routards sédentarisés dont la vie est en train de changer radicalement. Les touristes saturés de la foule et du bruit de Cabo commencent à lorgner ce qui a toutes les saveurs et toutes les couleurs d'un petit éden...

L'observation des baleines est devenue l'attraction phare pour de nombreux pueblos *de Basse-Californie. Les pêcheurs louent leurs barques pour emmener les touristes au plus près de ces géants des mers pouvant mesurer 15 mètres de long et peser 30 tonnes. Les baleines grises sont des milliers à migrer d'octobre à janvier, parcourant 9 600 kilomètres entre l'Alaska et la baie de Magdalena avant de remonter accompagnées de leurs baleineaux.*

Ci-dessus :
Le long de la Carretera Transpeninsular ou « Mex 1 », des comptoirs se sont installés pour permettre aux voyageurs, souvent harassés et poussiéreux, de se rafraîchir. En plein été, l'air est tellement brûlant que faire trois pas jusqu'à la buvette relève presque de l'héroïsme ! Après de tels périples, on savoure encore mieux la douceur de la mer de Cortés et les merveilles marines qu'elle renferme.

Page de droite :
La petite église coloniale de Puerto López Mateos surgit comme un havre de fraîcheur au milieu du désert. Ce village de pêcheurs sur le versant pacifique de la Basse-Californie est un des meilleurs points de départ pour l'observation des baleines, car le site est protégé par le superbe récif d'Isla Magdalena.

Pages 152-153 :
La bibliothèque de La Paz tient aussi de lieu de réunion pour les jeunes. Sa façade bicolore est typique du vieux quartier.

LA CATRINA ESTA
DE FIESTA EN EL
CORAZON DEL PUEBLO

LA FÊTE DES MORTS

À l'approche de novembre, les champs se remplissent de *cempoalxuchitl* ou œillets d'Inde, qui annoncent que tout doit être prêt pour recevoir les morts. Dans les vitrines, sur les étals, dans les maisons, pains, jouets, sucreries et objets divers évoquent la mort avec humour, drôlerie et facéties. Squelettes déguisés, gâteaux en têtes de mort, stèles en chocolat… tout le Mexique se concentre sur la Noche de Muertos, donnant à cette issue tragique un air de joyeuse sarabande. Le point culminant de la plus importante fête du calendrier se déroule dans la nuit du 1er novembre, lorsque les familles convergent vers les cimetières illuminés de bougies et de cierges. Commence alors une longue nuit de prières, de chants, d'offrandes et d'agapes sur les tombes des défunts. Chacun y apporte photos, objets et aliments favoris du disparu. Une fête mi-religieuse, mi-païenne qui révèle profondément l'âme mexicaine dont les racines puisent loin dans les temps préhispaniques.

Biblioteca de

Los Misioneros
RESP. Y DIR.
FAMILIA
Hdez. Maciel
BUENA LECTURA
Y
BUENA MUSICA
ZARAGOZA Nº 31
TEL. FAX 3-35-25
Biblioteca
de Los
Misioneros
BUENA LECTURA
Y
BUENA MUSICA
ENTRADA LIBRE

LE MEXIQUE EN UN CLIN D'ŒIL

Avec une superficie de 1 972 547 km², le Mexique s'étend de la partie méridionale du continent nord-américain jusqu'en Amérique centrale au niveau de l'isthme de Tehuantepec. Bordé à l'ouest par l'océan Pacifique et à l'est par l'Atlantique, il a des frontières communes avec les États-Unis au nord, le Guatemala et le Belize au sud.

Population : **près de 96 milions d'habitants**
Capitale : **Mexico DF, près de 20 millions d'habitants**
Chef d'État : **Vincente Fox depuis 2000**
Politique : **république fédérale au régime présidentiel**
Point culminant : **Pico de Orizaba, 5 610 m**
Langue officielle : **l'espagnol**

LES FORMALITÉS

Papiers

Un passeport d'une validité d'au moins 6 mois après la date de retour est nécessaire ; un billet aller-retour ; aucun visa si votre séjour est inférieur à 90 jours. À l'arrivée dans le pays, il faut se procurer une Tarjeta de Turista (Formulaire migratoire touristique), un document gratuit qui vous sera réclamé à votre départ. La taxe d'aéroport (environ 20 euros) est souvent incluse dans le prix du billet d'avion.

Douane

L'exportation d'antiquités est interdite.

Adresses utiles

Office du tourisme du Mexique : 4, rue Notre-Dame-des-Victoires, 75002 Paris. Tél. : 01 42 86 56 24 ou 01 42 86 56 20.
Site Internet : www.mexique.infotourisme.com

LA BONNE PÉRIODE

Saisons les plus clémentes

La meilleure période s'étire de novembre à avril car il fait beau mais la chaleur n'est pas caniculaire et les pluies se font plus rares. Toutefois, durant cette période, les soirées et les nuits peuvent être froides voire glaciales dans le Chiapas et dans les villes coloniales du Centre.

Climat

La saison des pluies tombe en été et se caractérise par des averses fréquentes mais de courte durée. Le Mexique étant un pays très montagneux, le climat varie selon l'altitude : chaud jusqu'à 1 000 m, tempéré de 1 000 à 2 000 m et plutôt frais au-dessus de 2 000 m d'altitude (c'est le cas de Mexico qui se situe à 2 240 m d'altitude). Dans la Sierra Madre occidentale, le climat est plus sec ; en Basse-Californie, c'est un climat désertique qui prédomine, donc extrêmement chaud.

Heure locale

GMT – 6 en hiver et GMT – 7 en été ; quand il est 18 h en France, il est 11 h du matin à Mexico en hiver, 10 h en été.

Vêtements

Évitez d'emporter des vêtements en fibre synthétique, peu adaptés au climat chaud et humide. Prévoyez des vêtements légers en coton l'été, une veste polaire ou un pull-over en laine l'hiver ainsi qu'un coupe-vent imperméable. Pour visiter les villages mayas et les sites religieux, prévoyez des vêtements décents (ni shorts, ni décolletés). Une bonne paire de chaussures est indispensable ainsi qu'un maillot de bain, un chapeau et des lunettes de soleil.

LE VOYAGE

Agences de voyages

Le Mexique étant une destination phare du tourisme, la plupart des agences de voyages y proposent des circuits, parfois centrés sur des thèmes particuliers (villes coloniales, Riviera maya, pyramides précolombiennes, etc.).
Les généralistes : FRAM, 128 rue de Rivoli, 75001 Paris, tél. 01 40 26 30 31, www.fram.fr ; Jet Tours organise

des circuits haut de gamme et thématiques, tél. 05 61 23 35 12, www.jettours.com ; Nouvelles Frontières propose des circuits à la carte, aventures ou organisés, tél. 0825 000 825, www.nouvelles-frontieres.fr ; Allibert, 37 bd Beaumarchais, 75003 Paris, tél. 0825 090 190, www.allibert-voyages.com, organise des voyages aventures en terre maya avec randonnées ; la Maison des Amériques Latines (tél. 01 53 63 13 40), le grand spécialiste, propose de très beaux voyages découverte,itinérants ou thématiques.

De la France au Mexique

Au départ de Paris, Aeroméxico et Air France proposent des vols directs vers Mexico et parfois Cancún avec des connexions vers d'autres villes du pays (Guadalajara, Acapulco, Oaxaca, etc.). Iberia, British Airways, KLM ou Lufthansa desservent Mexico ou Cancún avec escale.

Transports intérieurs

Le réseau d'autocars mexicain est très bien organisé et reste de loin la solution la plus économique pour parcourir ce vaste pays. Pour les longues distances, n'hésitez pas à verser quelques pesos de plus pour voyager en première classe et sur une ligne directe. À bord, services gratuits de boissons et films vidéos.
L'avion est une excellente solution pour changer rapidement de région et les prix restent abordables sauf en haute saison. En plus des deux compagnies nationales, AeromÉxico et Mexicana, il existe une kyrielle de petites compagnies spécialisées dans les vols régionaux : Aerocaribe (Yucatán), Aero California (Basse-Californie, Mexico et Etats du Nord-ouest)…

L'ARGENT

Change

Le nuevo peso (N$) ou peso ($) est l'unité monétaire mexicaine ; 1 euro équivaut environ à 9 N$; le change des devises s'effectue aisément dans les banques et bureaux de change (Casas de cambio) et dans les hôtels. Les principales cartes de crédit sont acceptées dans les distributeurs de billets et sur les sites touristiques.

Budget

Le Mexique, malgré la proximité des États-Unis, reste un pays très bon marché, surtout dans les régions les moins touristiques. Il est possible de se loger dans un superbe hôtel trois étoiles pour un prix équivalant à une ou deux étoiles chez nous.

Pourboires

Dans les restaurants, il est de règle de laisser un pourboire de 15 % de la note.

LE LOGEMENT

Du gîte chez l'habitant à l'hacienda de grand luxe, toutes les possibilités sont offertes au Mexique dont la capacité d'hébergement dépasse les 450 000 lits, surtout concentrés sur les zones littorales.
En haute saison, mieux vaut réserver à l'avance.

À Mexico

Hôtel Majestic sur Avenida Madero 73 (tél. 521 8600), grand luxe et belle vue sur le Zócalo et le Palacio nacional ; Casa Gonzales, Zona Rosa (tél. 514 3302), charmant B&B dans un quartier animé.

À Puebla
Hôtel Colonial (tél. 46 42 92), une des plus jolies adresses de Puebla, dans un cadre colonial avec terrasse panoramique sur la ville ; Palacio San Leonardo (tél. 46 07 72), un hôtel chic plein de charme.

À Taxco
Hôtel Santa Prisca (tél. 2 09 80), très chic autour de son joli patio et belle vue ; Posada San Javier (tél. 2 31 77), chic mais abordable, est calme et agrémenté d'une piscine et de beaux jardins.

À Mérida
Dolores Alba (tél. 28 56 50) dans une ancienne maison coloniale mais avec le confort moderne ; Hôtel Caribe (tél. 24 90 22) juste à côté du *zócalo*, une magnifique demeure coloniale et un ancien collège jésuite.

Les haciendas-hôtels autour de Mérida
Katanchel (www.haciendakatanchel.com ; Temozón Sur (tél. 923 8089 ; www.luxurycollection.com) est une magnifique hacienda du XVIIe siècle à 30 km de Mérida, avec une excellente table gastronomique.

À Palenque
Hôtel Ciudad Rela Palenque : à proximité du site archéologique, un hôtel très confortable offrant un bon restaurant sous toit de palmes (tél. 345 1315).

À Chichén Itzá
Posada Chichén Itzá bordé d'un beau jardin tropical et aux chambres joliment décorées (tél. 851 0022) ; très chic, à l'entrée du site archéologique, l'Hôtel Mayaland (tél. 99 25 21).

Sur la Riviera Maya
Los Lirios Cabañas (tél. 850 6486), des bungalows de luxe noyés sous les cocotiers sur un océan turquoise à 7 km du site de Tulum ; à Cancún, toutes les grandes chaînes hôtelières internationales, dont le Club Med, disposent d'au moins un complexe ; Hôtel Maya Cozumel (tél. 2 00 11), sur l'île de Cozumel, est une adresse quasi incontournable pour son rapport qualité-prix ; María's Kankin (tél. 7 00 15), le coin des romantiques sur Isla Mujeres ; sur la même île, autre adresse sympathique et assez chic : María del Mar (tél. 7 01 79), bordé d'une superbe plage.

À San Cristóbal de las Casas
Hôtel Ciudad Real Teatro (tél. 678 6200), agréable car un peu en retrait de l'animation nocturne ; chambres d'hôtes Na Bolom (tél. 678 5586) autour d'un jardin tropical ; Hostal Flamboyant (tél. 8 07 26), la plus belle adresse de la ville, dans un superbe édifice coloré qui s'organise autour d'un patio aux plantes tropicales.

À Oaxaca
Posada Margarita (tél. 6 28 02) pour sa situation qui permet de se déplacer à pied dans le cœur de la ville ; Hôtel Anita (tél. 51 39 205) dans une belle demeure coloniale avec terrasse panoramique sur la ville et la campagne environnante ; Camino Real (tél. 6 06 11) superbe, dans un ancien couvent du XVIe siècle.

À Guadalajara
Don Quijote (tél. 658 1299) de style colonial avec chambres calmes côté patio ; Hôtel del Parque (tél. 825 2800) juste en face du parc Revolución, bien situé car proche des centres d'intérêt touristique.

À Acapulco
Hôtel Los Flamingos (tél. 82 06 90) : situé dans une ancienne propriété ayant appartenu à John Wayne, il surplombe la mer dans un cadre magnifique.

À Zihuatanejo/Ixtapa
Le Club Med et les grands hôtels internationaux se sont installés à Ixtapa, une station plus chic et plus chère que Zihuatanejo ; dans cette dernière, une bonne adresse est la Villa Mexicana (tél. 4 36 36) directement sur la plage ou, dans la catégorie des prix modérés, les Bungalows Pacíficos (tél. 4 21 12), sobres mais très agréables et bien situés.

À Chihuahua
Palacio del Sol (tél. 16 60 00), très chic mais avec une déco surannée ; Hôtel Santa Regina (tél. 15 38 89), bon marché, bien situé et à deux pas du centre.

À La Paz
Hôtel Los Arcos (tél. 2 27 44), une adresse chic mais abordable avec un agréable restaurant mexicain ; Hôtel Perla (tél 2 07 77), agréable et bien situé pour se rendre en marchant sur la promenade du front de mer.

LA CUISINE

Une mise au point tout d'abord : oubliez le chili con carne, car ce n'est pas du tout un plat mexicain. La cuisine locale est à l'image du pays : épicée, colorée et diversifiée avec pour éléments de base incontournables les haricots rouges (*frijoles*), les piments (*chiles*) et les tortillas, nature ou garnies de viandes et de légumes. Parmi les plats les plus typiques figurent : le *pozole*, une soupe de maïs, de viande et de légumes d'origine indienne, le *pibil*, une viande cuite dans des feuilles de bananier et parfumée d'aïl et d'orange amère, les viandes blanches nappées de *moles*, des sauces piquantes parfumées de cacao et puis bien sûr le guacamole, savoureuse purée d'avocats qui accompagne quasiment tous les plats. Les desserts changent selon les régions mais on retrouve le plus souvent les fruits confits et les gâteaux au lait caramélisé (*dulce de leche*) ou au lait de coco.

À Mexico
Casa de Azulejos pour savourer une cuisine simple mais de qualité dans un édifice du XVIe siècle aux murs couverts de mosaïques ; Restaurante del Cortés, en face du parc Alameda, bâtiment colonial joliment décoré où l'on déjeune dans un grand patio fleuri ; de nombreuses bonnes adresses partout dans la Zona Rosa.

À Puebla
Restaurant María Isabel, réputé pour ses délicieuses spécialités locales comme le *mole poblano* et tous les mets traditionnels du Mexique ; Sacristía de la Compañia, pour dîner au milieu d'œuvres d'art ; Fonda Santa Clara, bien qu'un peu cher, offre tous les plats traditionnels de la région comme le savoureux *pipian verde*, une viande de venaison dans une sauce à base de graines de courge et piments.

À Taxco
Santa Fe offre une belle palette de petits plats mexicains à prix vraiment intéressants ; la Pozolería Tía Calla attire les familles mexicaines pour ses plats copieux et son ambiance festive.

À Mérida
Los Almendros est le restaurant de référence à Mérida, réputé pour ses délicieuses spécialités yucatèques comme

la *sopa de lima*, consommé de poulet, piments et tortillas frites ou le *poc-chuc*, un émincé de porc mariné au jus d'orange puis grillé aux épices et piments.

Sur la Riviera maya
A Cancún, le 100 % Natural propose des produits simples notamment les poissons, dans un cadre assez moderne ; El Sombrero de Gomar sur Isla Mujeres sert d'excellents poissons tropicaux dans une déco très colorée ; Miramar sur le port est désormais très fréquenté par les touristes mais continue de servir une cuisine mexicaine aux portions généreuses.

À San Cristóbal de las Casas
El Fogon de Jovel pour dîner en musique et goûter aux spécialités du Chiapas ; La Parrilla, un peu en retrait du *zócalo*, propose une cuisine familiale cuite au charbon de bois, comme les brochettes de bœuf au fromage.

À Oaxaca
Le restaurant gastronomique de l'hôtel Camino Real, cher bien sûr mais où les plats mexicains sont divins ; Hostería de Alcalá près de l'église Santo Domingo permet de goûter à la soupe aztèque ou à des spécialités *oaxaqueñas* dans un patio avec fontaine ; la Casa de la Abuela est une adresse infaillible qui attire aussi bien les touristes que les familles mexicaines.

À Guadalajara
Dans une des gargotes familiales typiques du grand marché San Juan de Dios ; La Rinconada pour sa cuisine mexicaine servie dans un cadre colonial raffiné.

À Acapulco
Hard Rock Café, pas vraiment mexicain mais pour ceux qui collectionnent les tee-shirts de la chaîne ; Sanborn's offre une belle carte mixte, mexicaine et internationale, à prix modérés ; Mariscos Nachos, petit mais sympathique pour les poissons et fruits de mer dans une ambiance animée.

À Zihuatanejo/Ixtapa
Quelques petits restaurants familiaux sur le port, sinon de bonnes tables dans les grands hôtels de luxe.

À Chihuahua
El Palenque, sans prétention mais vraiment sympathique, avec des portions très généreuses pour une petite note ; au restaurant de l'hôtel San Francisco, on est sûr de bien dîner sans grever son budget voyage.

À La Paz
El Camarón Feliz séduit par sa terrasse sur le port et ses bonnes assiettes de crevettes, poulpes et poissons aux sauces épicées. Le restaurant Kimi est sur la plage : plus cher qu'ailleurs, mais il permet de passer une bonne soirée sous les étoiles en se régalant de plats mexicains qui font la part belle aux poissons et crevettes.

L'ARTISANAT – OÙ ACHETER QUOI ?

– Argent : Taxco, Guadalajara et Mexico. Le Mexique est le plus gros producteur mondial et le sceau « 925 » garantit l'authenticité du métal.

– Cuivre et laiton : Santa Clara del Cobre (Michoacán), San Miguel de Allende et Taxco.
– Cuir : Chihuahua, San Cristóbal de las Casas et Oaxaca.
– Poteries : Oaxaca, Puebla, Tonalá, Tlaquepaque, Guadalajara et Guanajuato.
– Tissus (ponchos, blouses indiennes, châles brodés, tapis…) : Pátzcuaro, Yucatán (hamacs et chapeaux), Oaxaca, Chiapas, Querétaro.
– Céramiques : Puebla, Oaxaca, San Cristóbal de las Casas et environs de Guadalajara.
– Vannerie et objets en bois (masques) : Pátzcuaro, San Miguel de Allende, Oaxaca et Michoacán.
– Confiseries : Puebla, Morelia et Guanajuato.

LES FÊTES

Tous les jours, une fiesta se déroule dans un village de la république : fête en l'honneur du saint protecteur de la ville, fête pour marquer la fin de la récolte des avocats, du maïs ou du raisin, fête qui accueille la pluie… Les grandes fêtes les plus importantes, à l'échelle nationale, sont : le carnaval (février-mars) ; la Semaine sainte (Pâques) processions très colorées surtout à Taxco, Pátzcuaro et San Miguel de Allende ; le Jour des Morts (Día de los Muertos, le 2 novembre), fête la plus pittoresque du Mexique ; le Jour de Notre-Dame de Guadalupe (12 décembre), la plus grande fête religieuse du pays.

RENSEIGNEMENTS COMPLÉMENTAIRES

Langues
En plus de l'espagnol, une vingtaine de langues indiennes et une soixantaine de dialectes sont parlés dans le pays. Dans les zones touristiques, l'anglais a cours.

Sécurité
Dans un pays à fortes disparités sociales, la prudence s'impose. Évitez donc d'exhiber bijoux et portefeuilles, de porter des tenues vestimentaires trop déshabillées. Depuis quelques années, le gouvernement a mis en place une police touristique, assez efficace pour résoudre les petits litiges, à contacter sans hésitation en cas de problèmes.

Santé
Le vaccin contre l'hépatite A est indispensable ; sur place, évitez de boire l'eau du robinet et de consommer des aliments crus tels que salades, légumes, fruits de mer… Prévoyez dans vos bagages une trousse de pharmacie personnelle.

Électricité
110 volts (60 hertz).

Postes et télécommunications
Chaque ville possède un bureau de poste, Correos, où l'on peut acheter des timbres. Le courrier vers la France met entre 1 et 3 semaines. Partout dans le pays se sont ouverts des cybercafés, pratiques et très peu chers. Pour téléphoner, le mieux est de se procurer des cartes téléphoniques prépayées, Tarjetas telefónicas.

Toutes les photographies publiées dans cet ouvrage sont de Pascale Béroujon
de l'agence Hoa-Qui distribution.

Édition : Valérie Tognali
Responsable artistique : Sabine Houplain
Conception : François Supiot
Mise en page : Pascale Comte
Lecture-correction : Isabelle Macé
Cartographie : Cyril Süss
Fabrication : Nicole Thiériot-Pichon

Photogravure : Reproscan
Achevé d'imprimer en Italie par Officine Grafiche Novara
Dépôt légal : 53719, février 2005
ISBN : 2842776089
34/1770/6-01

X